ちくま学芸文庫

東京の下層社会

紀田順一郎

筑摩書房

目次

最暗黒の東京探訪記……9
今はなき東京三大スラム／木賃宿に潜入した若き記者
誰も書かなかった貧民街／近親相姦や強姦も日常茶飯事
残飯屋の凄絶な実態／日本人の〝流民の伝統〟
人間生活最後の墜落……39
無視されてきた記録文学の元祖／貧民窟の職業百態
「人間生活最後の墜落」の光景／乞食もりっぱな職業の一つ
ユニークな隠語の数々／底辺生活者の悲しみ

東京残飯地帯ルポ……69
四谷、芝、浅草に三大スラム街／一宿一飯の恩ならぬ残飯の恩
明治の一膳飯屋のメニュー／飲めばシビレル「電気ブラン」
ゴミ箱の中のご馳走
流民の都市……99
施しをすると厳罰／燃えてしまえば好都合
慈善と偽善／学校とは、まず食べるところ
バタバタ倒れる一家／追放、また追放……
暗から闇に旅立つ
暗渠からの泣き声……137
現金十八円と産着数枚／怖ろしい夢を見た
もらい子殺しの系譜／画に描いた餅
罰せられたのは一人だけ／二重の闇に葬られる
娼婦脱出記……159

七十六人に一人が娼婦／徹底した搾取のシステム
悪臭を放つベッドに寝たきり／剃刀を踏ませる拷問
決死の脱出行

帝都魔窟物語……………189
いまは昔、玉の井の賑わい／私娼街とそのシステム
玉の井私娼の実態／荷風去りし後
ある私娼の最期

糸を紡ぐ「籠の鳥」たち……………221
吉原娼妓よりも悲惨な運命／桂庵という名の詐欺師
塩水に醬油糟の〝味噌汁〟／失明しても医者に見せず
凄惨な女工のタコ部屋／死体を砂糖樽へ投げ込む
暴虐の限りをつくして懲役二年／女工を囚えていた二重の牢獄

参考文献　261

あとがき 269
解説（長山靖生） 275

東京の下層社会

最暗黒の東京探訪記

今はなき東京三大スラム

JR線上野駅の浅草口を出て前方を見渡せば、だれでもまず正面に架かった首都高速1号線と、その真下の昭和通りに面して軒を並べる銀行や証券会社が目に入ることだろう。そのビルの並びの左端から浅草通りがはじまっていて、歩くにつれてパトカーの待機する上野警察署が目に入る。約百年まえ、このあたり一帯には下谷万年町という、東京有数のスラム（貧民街）があった。

〝滄海《そうかい》変じて桑田《そうでん》となる〟という古くさい表現が生きてくるのはこのような場合であろう。いま台東区役所の白亜の豪華な建物をはじめ、小学校や公園を配して中小のビルが建ち並ぶ落ち着いた商業地区の様相からは、往昔の雑閙《ざっとう》を窺うよすがとてない。東京全体が関東大震災、戦災、高度成長という三度《みたび》にわたる大きな変遷を経て、全く別の都市に変貌してしまっているからには当然のことだ。

昨今レトロブームということがいわれている。ここ上野地区ときては公園の桜や不忍池の秋色によき時代の名ごりをわずかにとどめているため、いまや隣接の浅草とともにブームの一大中心となっているほどだが、その種の懐旧の念に浸る人々に元万年町ごときが眼に入るわけもあるまい。

ノスタルジーとは、いわば望遠鏡を逆さに覗くようなものである。まっとうに覗けば、万年町のみならず、それと合わせて三大スラムと称された四谷鮫ヶ橋や芝新網町のほか、貧民の多かった地域として下谷区山伏町、浅草松葉町、本所吉岡町、深川蛤町一〜二丁目、本郷元町一〜二丁目、小石川区音羽一〜七丁目、京橋岡崎町、神田三河町三丁目、麴町一丁目、赤坂裏一〜七丁目、牛込白銀町、麻布日ヶ窪、日本橋亀島町などがただちに見えてくるはずである。

これらは明治初期から中葉にかけてスラムといわれた多くの地域から、各区について一町名だけを代表として抜きだしたものにすぎず、じっさいは各区に三〜七町も存在していた。樋口一葉の住んでいた下谷龍泉寺町のような小規模な細民街まであげると、その合計はじつに七十数ヵ所。下町から山手まで万遍なくスラムが見うけられたということこそ、明治中葉の東京の実相にほかならないことがわかる。

ところでこのようなスラム問題を追っていくと、当然ながら明治から昭和戦前にかけての日本の住宅水準やそれに伴うべき政策がきわめて貧しいものだったことがわかってくる。それはいちおう過去のこととしても、では現在はどうなのかといえば、何ぴとの脳裏にもただちにウサギ小屋の五文字と、それに象徴される土地住宅政策の絶望的な貧困さが思い浮かぶのではないだろうか。

大都市のスラム現象は、今日ドヤ街問題を除けばほとんど跡を断ちつつあるが、むしろ一般住宅の狭小スペースやミニ開発による環境悪化、さらには高層住宅の老朽化などという新たなスラム現象が生じつつあることもたしかなのである。都市住民はいったいいつになったら不良住宅問題から解放されるのだろうか。

このように見ていくと、最近軌を一にして明治期の貧民街を詳細に描いた松原岩五郎『最暗黒之東京』(一八九三)の文庫化(岩波文庫『最暗黒の東京』)をはじめ、同時代のルポルタージュの研究(立花雄一『明治下層記録文学』一九八一)、あるいはその代表的な書き手である横山源之助の伝記(岩川隆『天涯茫々』一九八五)などが続々刊行され、反響を呼んでいることも単なる偶然とは思われない。従来不当に無視されていたこれらの古いルポが再度脚光を浴びている理由は、やはり現代の状況に重なり合う部分が多いからであろう。

それがどういうことであるかを知るために、まず私たちは原典ともいうべき『最暗黒の東京』について、一わたり見ることにしよう。読者は、本書が今で言う社会派ノンフィクションの文字通りの源流であり、著者の筆力と行動性において、昨今の「亜流」の遠くおよばない感動を覚えるにちがいない。

木賃宿に潜入した若き記者

——万年町のスラム街へ、明治二十五年(一八九二)の残暑きびしい九月下旬、浮浪者を装った一人の青年が入りこんでいった。当時二十五歳の「国民新聞」記者、松原岩五郎である。

帝国憲法発布後いまだ三年目というこの年に、わが国は最初の資本主義恐慌を経験した。巷には浮浪者などの生活困窮者の姿が目立つ一方、鹿鳴館に象徴される上流社会や新興階級の華美な風俗が話題にのぼることによって、人々はようやく貧富の懸隔が生じつつあるのを意識するようになっていた。当時流行った「欣舞節」にも「高官紳士豪商よ、栄華に酔える汝が眼には、浅草町の冬の雨、花町照らす秋の月、如何に見ゆらん映ずらん、軒に掲げし行燈の、光も暗き家の内、終日業に疲れたる、足を延ぶれば隣なる、人の肌に触れやせん、大の体をくの字形、一夜幾らの家根代は、煎餅蒲団に柏餅、結ぶ夢こそ果敢なけれ」などとある。

民権運動の壮士たちによってさかんに歌われたこの種の主題は、反体制的な新聞にとっ

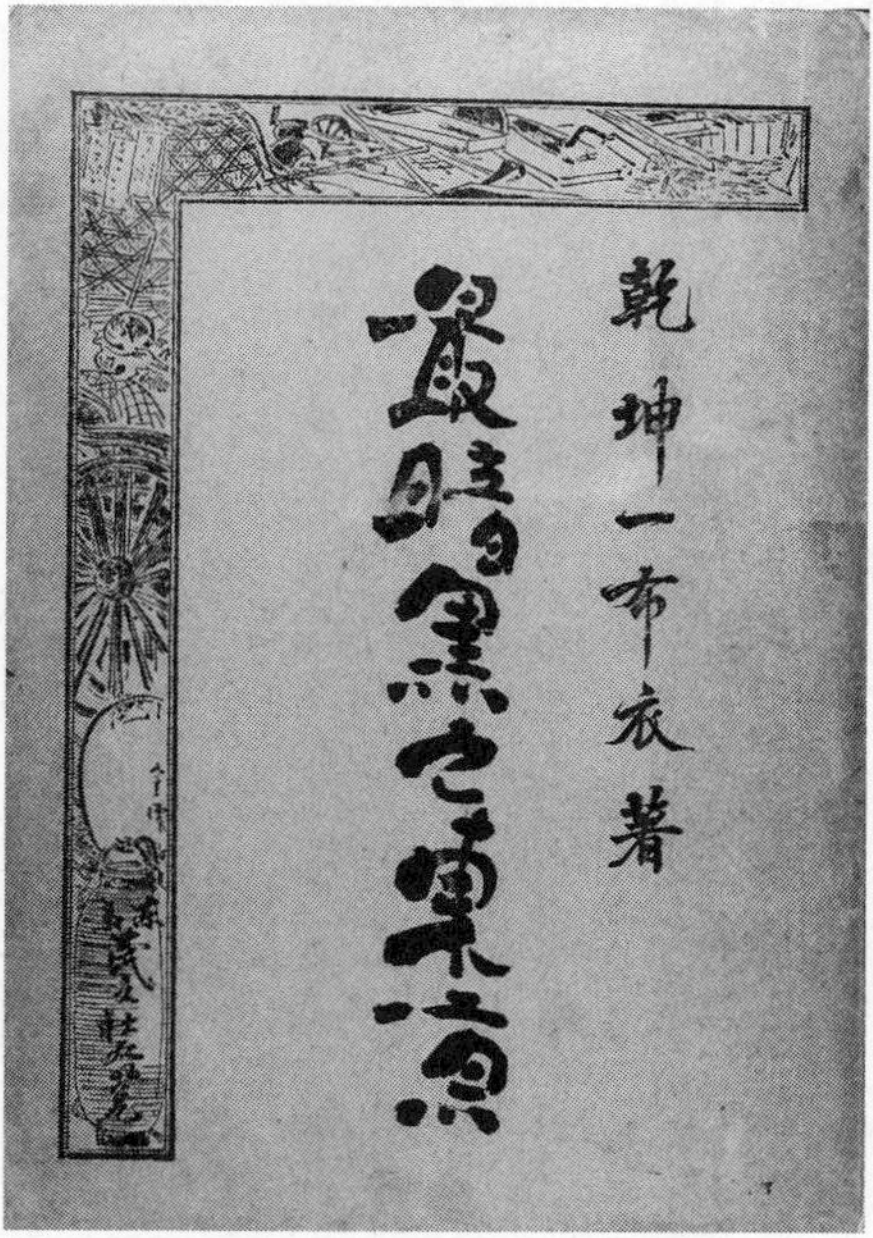

『最暗黒之東京』初版（1893）

ても格好のテーマたり得た。「朝野新聞」や「時事新報」あるいは「日本」などがあいついでスラム探訪記事を連載し、大きな注目を浴びたのである。このような状況を徳富蘇峰の「国民新聞」(民友社)も無視できなくなり、新進作家だった松原岩五郎を社員に迎え、レポーターとして代表的スラム街へと派遣したのである。

岩五郎は鳥取県の宿場町、淀江の造酒屋の四男に生まれたが、生後間もなく両親に死別したため、家督をついだ長兄に引き取られたまではよいが、物心ついた時分から家業である酒づくりに酷使された。向学の志やみがたく十三歳で家出、山越えの途中で山賊に出会ったが、一文も持っていなかったので逆に同情され、握りめしを二つもらったという。底辺労働をしながら大阪を経て東京に出、一時慶応義塾に学んだが、そこで「国民新聞」の中村楽天と知りあい、紙上に投稿するようになった。

蘇峰としては目下の企画実現のため、社会の辛酸をなめつくした岩五郎のような存在は適材適所だったし、すでに三冊の作品を出版していた岩五郎自身としてもまさにうってつけの役目だった。最底辺とはいわぬまでも底辺に近いところから社会の矛盾を眺めてきた彼にとって、貧民窟ルポは告発の書となるべきものに相違なかった。本書の冒頭に、英国のストライキやプロイセン、ロシアにおける共産党・虚無党(革命的民主主義者)の発生がひとえに生活の困窮に由来することを記者仲間と論じあったという個所があるが、これは前述の「欣舞節」の終わりの数節「嗚呼生存の競争は、日々に劇しくなりまさる。廿世紀の前途《ゆくすえ》を、思い回せば外国の、共産党や社会党、殷鑑蓋《けだし》遠からず、静かに社会問題を、思い来れば慄然と、膚に粟して肝胆寒し」という表現と気味の悪いほど似ている。岩五郎が模倣したというのではない。貧民を〝発見〟して間もないころの、知識人の共通の気分をあらわしているということだろう。

要するに岩五郎は昂揚していた。なんとかしてライバル紙を抜きたいと思っていた。それには、より果敢な突撃レポートを試みるほかはないというのか、数日間絶食の練習をしたり、上野の山で浮浪者に混じっての野宿のトレーニングを行なったりという準備に忙殺されたようだ。

薄暮、おそらくは眦《まなじり》を決して上野の山を降ったに相違ない彼の眼に映じたのは、「蒸気客車」をびっしり連ねたような棟割長屋の大集落。この数年あとに書かれた横山源之助『日本之下層社会』(一八九九)によれば、万年町一〜二丁目あわせて戸数八百六十五戸、人口三千八百四十九とある。鶴嘴《つるはし》や弁当箱をかついだ日雇い労働者の群が家路を急ぐ。三味線をかかえ編笠をかぶった十二、三歳の姉妹が帰るあとから、羅宇屋《ラオや》、飴《あめ》菓子屋、空瓶買い、廃品回収業者らが続く。ちなみに万年町は距離的に上野と浅草の中間にあるところから、住民の職業は車夫が多かった。

すでに辻々には八百屋、漬物屋、古着屋、古下駄屋などにまじって居酒屋や飯屋が店を開き、非常なにぎわいを示している。その光景を横目に見ながら、岩五郎は町はずれの木賃宿に入っていった。当時東京市内には主として旅商人相手の木賃宿が約二百軒あったが、それが徐々に日雇い労働者相手に変わり、明治三十年には三百六十軒近くへと急増していく（東京市社会局編『東京市内の木賃宿に関する調査』一九二三）。岩五郎が泊まったのはそのような過渡期の木賃宿であった。

宿料三銭を払い、宿主の指示にしたがって履物を紙片で結んでから縁の下に投げこみ、たった一個の石油ランプに照らされた二十畳ほどの大部屋に上がれば、すでに五、六人の先客がいた。杉の丸太を五寸ほどに切り落としたのを枕に仰臥している者あり、それをたばこ盆がわりにして煙管をたたいている者あり、ランプの下にあぐらをかいて髭を剃っている者あり……。岩五郎は右手の暗いところに座を占めようとしたが、傍らに積みかさねられた垢まみれの蒲団から「一種得ならぬ臭気」が放たれているのみならず、隣席の飴売りの老人が煮しめたような着物からふんぷんたる悪臭を発しながら、虱をとっては嚙み殺しているのを見て、座に耐えがたく、立ちかけたところへどやどやと日雇いや車夫らの新たな一団が入ってきた。

そのなかに四歳ばかりの子供を伴った旅回りの蝙蝠直しの夫婦がいた。岩五郎の鋭い観察眼は、彼らの行動のなかに貧民社会の生活の一端を鮮やかに切りとって見せる。

その妻なる者は広き世間の木賃的経験を積み来りし者と見え、万事すこぶる世馴て軽快なる愛嬌をもち、その入り来るや室内の数多き人を見て、「マア沢山こと叔父さんが」と一言まずその小児を嬉ばせつつ、予が傍らに座を占めて双方へ会釈しぬ。予は傍らに居て密かに彼女の容貌を見れば、色黒くして鼻低く、唇《くちびる》皮厚くしてその歯は鉄漿《おはぐろ》もて染めいたりしが、その面貌酷《はなは》だ醜なるにも似ずして自然に嬌趣《あいきょう》を持ち、その天地を以て家とする底の坦懐《たんかい》と、人を見て悉く同胞と見做すの慈眼を以て挙動《ふるまい》たり。時に傍らに一人の日雇取らしき若者ありて、その綻びかかりし襦袢の袖を縫い止めんとしてありしが、彼女は忽ちその覚束なき手風《てぶり》を見て傍らより褫《うば》い取り、串戯《じょうだん》の内に手際よく縫止めて与えければ、若者は頻りにその親切を喜び謝せり。

このような心なぐさむ光景にふれたのも束の間、いざ寝る段になると一張の蚊帳に十人以上も押しこまれ、呼吸もできないありさま。蚊帳は穴だらけのため蚊の群がどんどん入りこんでくる、容赦なく蚤が追撃してくる。そのうちに膝のあたりがむず痒いのでさぐってみたら、かの飴屋から伝染したと覚しき虱が、血を存分に吸って麦粒のように肥っている。気味悪くて潰すことさえできない。「ああ偽なる哉、偽なる哉、予は曩日《さきのひ》かかる暗黒界に入るべき準備として数日間の飢を経験し、幾夜の野宿を修業し、かつ殊更に堕落せる行為をなして以て彼ら貧者に臆面なく接着すべしと心密かに期し居たりしに、これが実際の世界を見るに及んで忽ち戦慄し、彼の微虫一疋の始末だになすことを得ざりしは、我れながら実に腑甲斐なき事なりき」。

岩五郎がすでに底辺労働者としての経験を持っているのを考えると、いまさら木賃宿の蚤虱におどろくことは不自然に思われるのだが、まさか「精神朦朧として不快限りなく、眠らんと欲して眠る能わず、輾転反側《てんてんはんそく》以て一夜を明かす」という記述が作り話とも思えない。前にもちょっとふれたように、岩五郎に先だってスラムを探訪した記者の一人にしても、蚤虱、さらには南京虫にさんざん悩まされ「已之を筆するも人は中々此境の十一をも想像し得じ」(桜田文吾『貧天地饑寒窟探検記』一八九三)とさじを投げている。それだけ言語に絶する苦痛だったのだろう。ちなみに明治四十年いらい神戸の新川で伝道活動に従った賀川豊彦は、毎晩枕元で四、五十四の南京虫を殺すので新聞紙が真っ赤になったといい、紡績女工が南京虫に苦しめられるあまり自殺さえ図ったというエピソードを紹介している(『貧民心理の研究』一九一五)。

ここにおいて彼、岩五郎は一つの認識に達する。鉄のような丈夫な身体をもつ労働者が、

木賃宿（「風俗画報」1898. 11. 10）

着るものも着ないで三銭を木賃宿に投ずるのは、たとえ蚤虱に責められても野宿よりはましだからである。「西行も三日露宿すれば坐《そぞ》ろに木賃宿を慕うべく、芭蕉も三晩続けて月に明さば必らずや蚊軍、蚤虱の宿も厭わざるに至るべし。ああ木賃なる哉、木賃なる哉、木賃は実に彼ら、日雇取、土方、立坊《たちんぼ》的労働者を始めとして貧窟の各独身者輩が三日の西行、三夜の芭蕉を経験して、しかして後慕い来る最後の安眠所にして蚤、シラミ元より厭う処にあらず」。

誰も書かなかった貧民街

寝不足の眼をしばたたきながら、岩五郎は翌朝から万年町の細部をまわりはじめた。まず眼についたのが、当然ながら住居である。

ああ彼らの住家は実に九尺の板囲いなり、しかして、その周囲は実に眼も当てられぬほど大破に及びたるものにして、その床は低く柱は才《わず》かに覆らんとする屋根を支え、畳は縁を切して角々藁をばらしたる上に膝を容れて家内数人の団欒を採る。あるいは縄もて仏壇を掲《つる》し、または古葛籠《つづら》を掃めて神体を安置し、以て祖神、祖仏を奉祀するの崇敬心を壊《やぶ》らず。

ついで感銘を受けたのが、どこの博覧会や観業場でも見たことのない「妙なる製作品」「驚くべき手芸品」であった。それはなにかといえば、摺鉢の欠けたものを火鉢として使用しているもの、ヒビの入った土瓶に膏薬を貼ったもの、傘の骨に各種の布をハギ合わせて辛うじて開閉できるようにしたものなど、住民の日用品のことである。「その夜具臥床の類は如何、これまた実に彼らが生活の欠陥を表する好材料にして、神秘なる睡眠を取るべき彼の布団は風呂敷、あるいは手拭の古物、または蝙蝠を剝ぎたる傘の幌などを覆うて才《わず》かに架《わた》の散乱するを防ぐの丹精物なり」。

「妙なる製作品」とは岩五郎が思ったままを述べているのであって、けっして誇張ではない。いったい当時の日本人の生活水準はそれほど高いものではなく、たとえば『福翁自伝』にも幕末の緒方塾の書生が、洗顔用の金盥で素麵《そうめん》を食するような日常を送っていたことが出てくる。このような時代、前述のように窮乏生活の経験者である岩五郎が、割れた茶碗や継ぎだらけの傘におどろくというのは一見不自然のようだが、これは窮乏生活と常に隣りあわせていた彼のような存在にさえ、スラムの実態は隔絶したものだったと解釈すべきであろう。

明治中ごろまでの識者一般にとって、スラムというものはまったく視野の外にしかなかった。江戸時代後期の諸家の論策を見ても、都市の貧民街やその対策を論じた者がほとんど皆無というおどろくべき一事がある。大塩平八郎のような例外はあるが、強権によってあっさり抹殺されてしまったのは周知のとおりである。

無論、実在していたスラムが物理的に人々の眼につかないわけがない。おそらくそれは別世界――自分たちの人生にまったく関わりのない世界として認識されていた。ちょうど生物学者たちが人と関係が薄い生き物を研究対象としないように、である。それどころか、仏教などの影響で一種の無間地獄のアナロジーのように見られていた可能性すらある。明治に入っても、たとえば『新社会』の著者矢野龍渓でさえ「世の壮健なる貧民を見るに概ね遊惰にして職事を勉めざるものなり」というようにモラル的視点からしか見ていないが、さすがに民権思想による社会観がそのような道徳的な見方に変化を促し、さらに産業革命による経済的落伍者が大量にスラムに流入する二十年以降になると、いやが応でも彼らに関心を向けざるを得なくなってきたのである。

したがって、岩五郎をはじめとする初期の貧民窟探検者の意義は、とりあえず白紙の状態で貧民の実態をレポートするということに尽きた。白紙もなにも、貧民に関する調査資料一つないのだから、体あたりによるほかはない。このように見れば、塗りのはげた椀や欠けた火鉢を「妙なる製作品」とする感覚も理解できるし、「世には数多の文人作家ありて、才子の入浴、佳人の結婚、あるいは楠某の忠戦の事など仰々しく記載さるるにかかわらず、いまだかつて彼らの生活的実境は記述《かきのこ》されたる事あらざるなり。……予は実に貧家の事物のために予が耳目を洗礼《バプタイズム》したり」というナイーヴな表現も真実から出たものということが了解されるのである。

近親相姦や強姦も日常茶飯事

百年まえのこととはいえ、すさまじい住環境であった。筆力に自信のある岩五郎ですら、戸惑って常套句の乱発に終始するほかはなかった。

あらゆる不潔を以てあらゆる溷雑《こんざつ》を料理し、淤水縦横《おすいじゅうおう》して腐鼠《ふそ》日光に曝露され、圊《せい》厠《し》放任朽屐塚《きゅうげきつか》をなし饐飯敗魚《いはんはいぎょ》の汚穢を極めたる物散点して路傍に祀らるるの有様より破《は》蓆簷檐《せきえんたん》を覗き落壁人顔《らくへきじんがん》を描くの状、その人間生活最後の墜落を示したるの様は、さながら炮撃されたる野外の営所を見るが如し。

これは万年町について探訪した「日本一の塵芥場」芝新網町の描写であるが、戸惑ったのは他のレポーターにしても同様であった。岩五郎の九年後に『貧民窟』『木賃宿』などのシリーズを「文芸倶楽部」に連載して評判になった新進作家の原田東風にいたっては「汚水の道路に氾濫して居るのや、斃鼠《へいそ》の日光に曝されて居るのや、饐飯《いはん》腐魚の死骸が散乱して居るのや、あらゆる汚穢物の路傍に祀られて居る有様は、日本全国恐らく如此き不潔なる町はないであろう」などと、岩五郎の文章を剽窃するほかなかったようだ。

それはともかく、このようなスラム風景の中心となる棟割長屋について、岩五郎は具体的な数字を記していないので、その少し前に大阪の最暗黒地区名護町を視察した「時事新報」の鈴木梅四郎のレポートを借りて説明しておこう。彼によれば、これらの一棟の長さ約二、三十間（一間は約一・八メートル）、高さは軒下六、七尺（一尺は約三十センチ）に過ぎず、奥行きは広いものでも二間、狭いもので九尺、屋根は瓦や板で葺いてあるが、軒屋根はない。このような大きさの棟を多いものは二十戸の部屋に分けているのであるが、二棟ずつ向い合わせに建てたその中間の空地（通路）は、広いものでやっと六、七尺、狭いものにいたってはわずか四、五尺にすぎない。「其空地は即ち相長屋二三十人の庭となり、道となり、濡物の干し場となり、子供の遊戯場となり、将た中間に小溝ありて下水の流れ筋ともなりおるなり。其窮屈想うべし」（『大阪名護町貧民窟視察記』一八八八）。ちなみに名護町は今日のあいりん地区（旧称釜が崎）形成の遠因をなしたところで、首都圏のスラムとは比較にならないほど大規模なものだったようだが、こうした住宅については構造上のちがいがあるわけもない。

棟割長屋の日常については岩五郎も記しているが、ここでは右の鈴木梅四郎の視察記に記されたある一家の光景を紹介しておきたい。汚物や尿壺などで足を踏み入れることさえ躊われる長屋の一角に、その家はあった。土間には鼻緒が切れて泥にまみれた草履や、市場の床に落ちているような野菜屑を入れた手桶、伊勢えびの殻や鳥の頭部二、三個を投げこんだブリキ皿などが散乱している。三畳ほどの部屋にはすでに模様さえ定かでない煎餅布団にくるまった老女が、一種青みを帯びた顔色をして苦しそうな息をしている。梅四郎一行（三名）が近寄ってもわずかに目を開けるのみ。

其傍らには七八歳の男子、耳辺より頭部全体に藻瘡《そうそう》の握り付けたるが如く生じたる者、所所《しょしょ》破れたる上袖はムシリ取りたりと覚ゆる弊衣《へいい》を着て不行儀に侍坐《じざ》し、彼方の隅には土瓶、大小の茶碗、或は重り或は倒れて散在し、此方には破れたる蚊帳と思わしきもの蟠りて、其一部は老婦の布団の下に敷かれたり。

一同は異臭ふんぷん、鼻をさす空気も忘れて「コレハコレハ」というのみ。梅四郎が銅貨を投げ与えても、親子はなんの反応も示さなかったという。当時のスラム街の悲惨を一齣に凝縮すれば、この情景にとどめをさす。

ところで住居といえば、今日の想像を絶する要素として、無灯火ということがある。岩五郎がはじめて入った木賃宿にランプが一個しかなかったのは前述の通りだが、大正末期に東京市が調査したところ、木賃宿の個室の八〇パーセント強に照明設備がなかった。まして棟割長屋にあっては、無灯火が常識だったのである。その結果どういうことになるかは知れている。暗く狭い部屋に雑魚寝するため早熟な子供が多く、近親相姦も日常茶飯事であったらしい。前述のようにスラムで伝道活動に従った賀川豊彦は「親子が夫婦になったり、兄弟が夫婦になったり」というような事例を挙げ、「貧民長屋の建築の道徳的悪結果」と断じている（『貧民心理の研究』）。

賀川の研究は今日の目からは欠陥も多いが、みずからスラムに長期滞在しただけに、見聞は豊富で、「たとえば夏の夜、戸口を開けて女が寝て居る。するとすぐ強姦されるのである。……私の世話した二十四五になるある女は二畳敷を借りていて、三日目か四日目にこんなことが必ず一度あるので、ほんとに困っていた」などというおどろくべき事例をあげている。このほか賀川は大正三年（一九一四）の事件として「貧民窟に程遠からぬ処に住んでいた燐寸工井上おはつ（三十五）と云う女」が、「実子元吉と姦通をなし、実弟某と不義の関係を結び、そのほか常に隣室に来る男と不義の関係をつけたという理由によって、内縁の夫有馬久太郎に惨殺された」などという実例を紹介、日本家屋の構造の悪いために起こる「貧民間の誘惑」にほかならないとしている。

無灯火の上に窓もなかったということを指摘しておかなければなるまい。ひとたび戸を閉めてしまえば、昼でも真っ暗になる家が多かった。辛うじて戸口の上横に小さな煙抜きが設けられている場合もあったが、それさえない家がほとんどだった。賀川はニューヨークに三十五万七千室の真っ暗な部屋があるとして「日本はまだ幸せである」といっているが、私はたまたま同時代のニューヨークのスラムを扱ったP・G・ウッドハウスの『新聞記者スミス』(一九一五)に、主人公の記者が貧民窟の灯火のない建物を観察する場面があるのを思いだした。「この部屋では建築家は極度に独創性を発揮している。彼は窓というものを一つも造っていないのだ。扉には四角に切り抜いたところがある。恐らくここから居住者の呼吸する空気の全量を取り入れようという設計なのであろう」(木村毅訳)。洋の東西を問わず、人間の悪知恵はまったく同じ方向に働くものであることがわかる。

不良建築の犠牲としてそれ以上に悲惨なのは、日光が入らないため結核菌が蔓延し、なにも知らない入居者が次々に斃れるということがあった。衛生思想が絶無に近い時代だから、病原菌のためとは気がつかず、幽霊のせいにして家賃を安くする。そのため入居者が跡を絶たない——。

このような劣悪な住居でも、家賃だけは一人前だった。明治初期から半ばごろにかけての下層社会を調査した横山源之助（『日本の下層社会』）によれば、棟割長屋の家賃は日掛けで二銭五厘から四銭程度だった。そのころの住民一日の生活費用が三〜四人家族で三十三銭以上四十五銭ほど。最大の支出項目は米代の二十銭前後だった。ところが収入のほうは、人力車夫などは一日四、五十銭になったようだが、ほとんどは一日に十銭にも充たないありさまで、これでは生活不可能なので、女性や子供が屑選りという内職で補い、食費を残飯で浮かせたりした。平均日収を二十銭として、これを二十五倍した五円を月収とみなすことにすれば、当時安月給の見本のようにいわれた小学校教員や巡査の初任給が七、八円だったのに比較しても、最低生活というしかない。

月収五円の価値を現代の物価に換算するのは容易ではないが、一つの基準として明治中期から現在まで約七千倍に騰貴している米価を基準とすれば、当時の五円は現在の三万五千円程度に当たる。また、明治半ばごろにおけるスラムの家賃の平均を三銭とし、月額（三十倍）を九十銭と計算し、これを当時一般的な長屋形式の貸家（六畳・四畳半・三畳・台所・洗面所）の家賃三十八銭と比較するとき、いかに苛酷な金額であったかがわかるであろう。

一日の労働を終えて家に帰ってくる人々は、家主の家のまえを通らざるを得ないしくみになっていて、そこに待ちうける家主から容赦なく家賃を取り立てられた。地区によっては毎晩七時ごろになると雨が降っても風が吹いても家守《やもり》（差配）が暗い路地をまわって集金にくる例もあった。その提灯は貧民の最も恐れるところ。彼らは一ヵ月に平均して二十三日分程度しか家賃を払えない。そのほかは嘘をついたりいいわけをしたりして逃れる。それもできなくなると追い出され、また他の家を借りる。また追い出される。こんな有様だから、住民は家主に対して経済的関係ばかりでなく、身分的にも隷属していた。昭和初期に今和次郎らが編纂した『新版大東京案内』（一九二九）がスラム長屋の高家賃について「人間が住めるような家でない家を造り、それに対してかくの如き家賃と敷金を取りつつある家主達——小ブルジョアの横暴ぶりは断然見逃すべからざるものであろう」と弾劾しているのもけだし当然というべきである。

残飯屋の凄絶な実態

さて松原岩五郎は、万年町の探訪を終えてのち、鮫ヶ橋、あるいは新網町と歴訪していく間に、行商などの職業につきながら、つぶさに底辺の実態を報告しつづけた。そのなかでとくに力をいれている話題に食生活があるが、ここでは二つほどのエピソードを紹介することにしよう。

食物を商う店が並んでいる中に、ひときわ目だつのが残飯屋であった。彼は伝手《つて》をたどって鮫ヶ橋の残飯屋に就職、仕入れから販売までを担当した。朝昼晩三回にわたって桶をかついで士官学校の厨房に残飯を仕入れに行く。汁菜、沢庵の切れ端、食パンの屑、魚の骨などを大八車に積み込んで帰ってくると、老幼男女がいっせいに丼や桶をかかえて駆け寄ってくる。「二銭ください」「三銭おくれ」と争って容器を差し出すさまは、魚河岸の市に似て名状しがたい大混乱。売る方もいちいち秤にかけるのが面倒になると、手づかみ、目分量で丼に投げ込む。ちなみに残飯には独特の名称があり「株切」とは沢庵などの株のついた頭部の切れ端、「アライ」というのは飯の洗い流したもの、「土竈《へっつい》」とはパンの切れ端、「虎の皮」というのはお焦げを意味した。

しかし、このようなものでも常に士官学校から出るとは限らない。時にはまったく出ないこともあって、これを「飢饉」と称した。ある時飢饉が三日も続いたさい、岩五郎は賄い方に「せめてパン屑でも」と頼み込んだところ、ゴミに出そうとしていた豚餌用の餡殻《あんがら》、肥料用のジャガイモの屑、味噌汁の滓、それに饐えた飯などを持っていけといわれた。餌はキントン状になってやや腐敗している。やむなくこれらを積み帰り「飢饉」と前触れをしたとき、待ちうけている人々の表情は一瞬失望に包まれたが、荷を見るや「菜だけでもいいから早く分配せよ」と催促をはじめた。

残飯屋の外観（『最暗黒之東京』）

……荷は解かれし、しかしてそこに陳べられし。人々は彼らが三日の飢饉からそこにいかなる豊年の美食《ごちそう》が湧きしかを疑うべく伺《のぞ》きし。腐れたる餡を名称《なづく》べく予がそれを「キントン」と呼びし時に、店の主人がいかに高価なる珍菜であるかを聞紏せし、そうしてそれが一碗五厘に売られし。味噌の糟がなお多く需用者をもちし。饐たる飯が売るべく足らざりし。

　この光景に接した岩五郎は、つぎのような痛哭の反省に導かれる。残飯を売ることは人命救助であり慈善であるかもしれないが、場合によっては豚の餌や畑の肥料を売って銭を取るような不応為（法文に規定のない犯罪）を犯すことのやむなきに至ることもある。もしもあなた方が注意して見るならば、世の貧民救済を目的に道徳を語り慈善を説く者の、それが必ずしも道徳、慈善ではないことに気がつくであろう、と。この認識によって、彼が凡百のレポーターを超えたことはまちがいない。

　もう一つの話題は、彼が「貧民倶楽部」すなわち貧民の路上における立ち話から得たものである。かつて青山練兵場で某法律学校の運動会が催された折り、弁当が三、四百個も余った。気のきいた幹事は見物にまじっている貧しい子供に「このお土産をあげるから、仲間を連れておいで」といった。その子は一目散に帰って「原っぱに学校のお葬式があるよ、皆の衆いかないのか」と叫んだ。

……忽ち集る者百余人、施与《ほどこし》に福のありしかつてこの日の如きはあらざりし。這うようなる小児の手にも一つずつの所得ありて家内五人一日の食膳《ひあし》を儲け、近年珍らしき施餓鬼《せがき》なりしとて、そのたまかなる御馳走を喜び合いしが、他の貧窟の人々またこれを聞伝えて後れ馳せに駈け付けしに、練兵所の中央に山の如く弁当殻の積重なりしを見出して、その中より飯の残れるを拾い出して持ち還りしが、これまた一廉の所得なりし。最後に五、六人の乞食どこからともなくこの事を嗅ぎ付けて来り、残物を穿ちて傍らより食い尽し終には蟻の所得をも残さざりしと。ああ些々たる学校の運動会にしてこの如く、もし彼《あ》れが戦争にてもありたらんば、いかにこの人々の沾《うるお》いし事ならんと語り合いけり。

岩五郎のルポが新聞に連載されてから、〝最暗黒〟ということばが一種の流行語になったらしいが、本家本元の彼としてはおそらく苦笑ものだったに相違ない。まさに悲惨と滑稽が表裏をなしているこのようなエピソードを紹介しながら、本当の暗黒とはこういうものなんだよ、と主張しているようだ。福祉政策が皆無の時代、スラムに実在したこのような挿話は、岩五郎のような底辺に深く密着したレポーターのみがよく捉え得たのであった。

日本人の〝流民の伝統〟

――スラム探訪が日を重ねるにつれ、岩五郎は行商をしながら埼玉県秩父や群馬県伊香保あたりの遠隔地にまで歩をのばした。こうした熱心さにしても、並のレポーターには到底真似のできないものであるが、ところで、彼がこのような生活を五百日余りも耐えることができたのは、少年時代より耐乏生活を経てきたことによるのであろうが、後年の彼はスラム問題に深入りすることなく、ジャーナリストとして別の方向に進んだ。日清戦争の従軍記録『征塵余録』や下層社会の職業について記した『社会百方面』を著わした後、博文館に入社して「女学世界」などの雑誌編集に従事した。五十歳で退職後は家作数軒を所有して悠々自適の生活を送り、昭和十年（一九三五）七十歳で没した。佐多稲子によると、戦前は退職金で家作を持つ人が多かったので（「家賃」『値段の明治大正昭和史』）、岩五郎にしてもその例外ではなかったことになる。

スラム救済の実践活動を行なったのは、岩五郎よりも二十年以上若い世代に属する賀川豊彦あたりからだ。その『貧民心理の研究』は近年内容の一部に批判があるとはいえ、なかなか興味深い観察がふくまれている。たとえば、人々がどんなにひどい家であれ、とにかく長屋に入りたがるのは「名誉」、つまり見栄のためで、スラム街でも「あれは宿屋住まいですよ」といえば、責任も義理も人情もない人間をさしたという。人間というものの悲しい性は、このような極貧の中にもさらに貧富の差を生みだすことだろう。

また、スラム住宅の不衛生に陥る原因を環境的理由（洗濯場や流し場のないこと）、職業的理由（多忙、疲労、汚れ仕事）、心理的理由（きれいにしているとかえって住み心地が悪い）、その他にわけて論じている個所も興味深いが、ここで一つ考えなければならない問題は、住民にとってスラムが一刻も早く脱出したい〝仮住まい〟であるということだろう。それが不可能であるがゆえに、環境改善の意欲を殺がれてしまうのみならず、木賃宿の宿泊人を見下すというような倒錯的な満足感に陥る。本来「宿屋住まい」であろうが「長屋住まい」であろうが、住民はひとしなみに〝流民〟であり、棟割長屋も〝作業用の仮小屋〟にすぎないはずだ。じつはこの点にこそ、スラム化現象をめぐる今日的な回答が隠されている。

もともと長屋というものは、起源からいうと農村出稼ぎ人のための出づくり小屋であるらしい。しかし、彼らが職人として都会に永住を余儀なくされるようになったとき、この環境設備の整っていない小屋が労働者住宅のスタンダードになってしまった。現代の建築家や建築学者は、たとえば上田篤『都市の流民とすまい』のように、この小屋～長屋の伝統が公営団地や木賃アパートに直結しているという考えを持っている。ウサギ小屋というよりも作業用の仮小屋なのである。つまり故郷の家が別にあり、ふだん寝泊まりしているのは仕事場でしかない。仮小屋ならきれいにする必要もなく、広くする必要もないが、やがて人々はそこからの脱却が不可能なことを思いしらされるようになった。都市の地価に追いつけない低収入と貧弱な都市対策。その究極の位置に発生したのがスラムだった。

このように見ていくと、現代の高層住宅の共用部分であるエレベーターや廊下、ホールなどというところがなぜ汚されるのか、理解されるであろう。りっぱな団地でも、廊下には子供の三輪車や店屋ものの食器が放り出されている。収集日など知らぬとばかりに放りだされる粗大ゴミ……。近年よく耳にする話だが、自家マンションを他人に貸したところ、トイレなどを二目と見られないほど汚され、清掃修理に思わぬ出費を食ったというような例もある。公衆トイレの汚れ追放が百年河清を待つが如きものであるのも、この〝流民の伝統〟から説明できよう。

かつての市営住宅にせよ、時代の先端を行く同潤会アパートにせよ、程度の差こそあれスラム化し、戦後からつい先頃にかけて〝改良住宅スラム化問題〟をひき起こしたのも、場あたり的な行政や設計ミスのゆえとばかりは思われない。そこに常民感覚が育たなかったからだ。いや、今をときめく億ションとてけっして油断はならない。元来それは高収入の流民によって購入されたハイテク装置の小屋にすぎないからだ。

明治ジャーナリストの意欲作『最暗黒の東京』は以上のように読まるべきであろう。カメラこそまだ用いられていなかったが、あのころの使命感に燃えた新聞記者は、それだけに直截的に真実をえぐりとって見せてくれた。好例をあげよう。すでに引用しておいた、スラムの住民が貧しいなかにも部屋に仏壇をつるし、きよめた古葛籠に神体をまつっているという個所である。民俗学の教えるところでは、家と小屋を分ける概念はそこに神をまつってあるか否かであった。しかし、明治中期までの貧しい人々は、小屋のなかに最後の〝家の名残り〟を守ろうとしていたのである。それは、彼らの多くが中産階級の没落者であったことの時代的反映であった。

いまの団地やマンションには、移動する流民の象徴としてのクルマはあっても、すでに常民の証しとしての仏壇は見られなくなりつつある。そういえば、このごろ中産階級の没落という声がやかましい。

人間生活最後の墜落

無視されてきた記録文学の元祖

むかし、新聞記者が取材のため変装するのは日常茶飯事であったが、いまはその種の感覚が薄れてしまっている。一億総中流化のため、あらゆる職業がサラリーマン化し、変装なんかする必要もなくなった。

明治から大正にかけての記者がスラムの探訪記事を書くさいに、まず苦心したのは変装であった。この傾向のきわまるところ、大正初期の変装記者として木賃宿や無料宿泊所のルポを書いた村上助三郎『東京闇黒記』(一九一二)や、縄暖簾の店員などを実地体験した知久政太郎『人生探訪変装記』(一九一二)、『変装探訪世態の様々』(一九一四)のごとく、変装そのものを売物にした探訪記のブームとなり、内容もむしろ猟奇を競いあうようになる。

しかし、このような記者の先駆をなしたのは、明治中期に反政府系の新聞(「国民新聞」

や「日本」など）に掲載された一連の貧民窟探訪ものの著者といえよう。彼らは当時日本経済がはじめて経験した恐慌により大量に生まれた極貧階級の実態を、スラムの真只中に身を置きながらきわめて迫真的な報告にまとめあげたのである。

その一人は先に紹介した松原岩五郎（『最暗黒の東京』）だが、ここにとりあげる『貧天地饑寒窟探検記』の著者桜田文吾もそれにひけをとらない、すこぶる臨場感溢れるルポをのこしている。年代的にいっても、内容からいっても、この桜田や松原こそノンフィクションないし記録文学という分野の元祖といってよかろう。にもかかわらず、従来の文学全集類から完全に無視されているのはふしぎなほどで、たとえば『明治文学全集』の一巻『明治記録文学集』（神崎清編）でさえも、ありふれた社会主義文献や奇談類を採用し、まさに記録文学の精華ともいうべき松原や桜田の下層社会ルポを完全に除外している始末である。これはおそらく桜田や松原の作品が文学としてではなく、単なる労働問題の資料としか見られてこなかったからであろうが、その写実的な迫力に富んだ名文一つとって見ても、単なる資料の域を超えていることは明らかで、いまこそ再評価が必要だろう。

桜田文吾が〝身体を張って〟取材したのは明治東京の三大スラムといわれた下谷万年町・芝新網町・四谷鮫ヶ橋を中心に、浅草や本所など十数ヵ所におよび、ついには関西に足をのばして大阪名護町の大スラム街までを丹念に観察している。その全期間はおそらく

桜田文吾『貧天地饑寒窟探検記』(1893)

四、五ヵ月にわたるのではないかと思われるが、たまたま当時の貧民街にはコレラが大流行し、患者のほとんどが死亡にいたるという状況だったので、単に好奇心だけでは不可能な仕事だった。昨今の甘いサラリーマン記者やTVレポーターにはおよそ想像もできない取材行であることに、まず注意を向ける必要がある。

これはおそらく彼の少年時代における家庭的不幸に根ざすものであろう。文久三年（一八六三）仙台藩士の家に生まれた彼は、幼くして父を失い、さらに二人の兄がそれぞれ戊辰戦争と五稜郭の戦いに敗れたのち病没、一人の姉も誘拐されたため、母親は悲嘆のあまり世を去った。この姉とは十数年後に再会することを得たが、彼みずからは苦学の後に東京法学院（のちの中央大学）卒業、縁あって陸羯南の経営する日本新聞社に入社することができたのである。のちに桜田はイギリスの諷刺誌「パンチ」に連載されたジョン・リーチのロンドン貧民窟探訪記を見たことを記しているが、おそらく羯南の示唆によるものであったろう。このほか英語に堪能だったらしい彼は、オッテン・ドーソンビル著『巴里の孤児』というスラムを扱った小説を読んだことも記している。いずれにせよ、単なるツケ焼刃的な関心から接近したのではなかった。

大我居士のペンネームで「日本」紙上に、彼の凄絶きわまりない貧民窟ルポが連載されたのは明治二十三年（一八九〇）八月からであって、松原岩五郎の探訪に先立つ二年まえのことであった。

貧民窟の職業百態

「品川の潮流に流れ寄りしものかと思うばかりの帽子を戴き、屑屋の親爺に二三百を投じて償いしかと疑わるゝ単衣を纏い鼠色せし白綿の兵古帯に山十の醤油もて煮しめたるに髣髴たる手拭を挿み没歯のチビ足駄を曳ずりつゝ」歩いていく文吾の懐には、ただ一つ新聞記者の証しとして筆とノートが秘められているのみだった。

八月十九日、最初に足を踏み入れたのが万年町。夜間ということもあって、まず眼についたのが露店だった。古着・古道具屋には垢じみた浴衣、股引、腹掛、火鉢、空き瓶など、水菓子屋には梨や西瓜の切売りなどが並んでいる中に、古下駄四足だけを置いている店や、筵《むしろ》の上に古マッチの山を三つ作り、一山五厘で売っている店などもある。マッチは全部売れても僅かに一銭五厘の売上にすぎないが、銀座あたりで一個二百五十円の金庫を売る商人と異なる人種のようにも見えない、ただ銀座の商人は商品の高価なるをもて鼻が高く、こちらは頰肉が落ちているため自然に鼻が高くなる苦しさがあるのみ——とは、文吾の頭にひらめいたところの、貧民に同情的なユーモアであった。

その日は三銭の屋根代（宿泊料）を払って木賃宿に一泊、翌日は早朝から街を歩いてみたが、聞きしにまさる惨状で、四畳半より広い家は一軒もなく、道ゆく人はみな痩せこけて「鉛筆画の阿羅々仙人を見るの心地す」。阿羅々（阿羅邏）仙人というのは釈迦が出家求道のさい教えを乞うた難行苦行僧で、それを鉛筆でヒョロヒョロに描いたように影が薄いということであろうか。さらに万年町に隣りあう山伏町のある一角のごときは、二十余戸中竈《かまど》を備えている家がわずかに二軒しかないというありさま。第一煮炊きする物がないのだから、釜の必要もないのである。いったいこの人たちはどのようにして生きているのであろうか、というわけで、桜田は彼らの職業を列挙していく。分類もなく、順不同だが、いったい生存ぎりぎりの営みに分類そのものにどんな意味があるだろうか。

……此等の可憐なる貧民といえども各手職のあるものにて、乞食渡世は不具もの、廃疾、老衰幼弱の男女に限るなり、職業の種類如何と問えば按摩、納豆売を始めとし鼻緒職、櫛職、煙草行商、紙屑買、日雇、三味線弾、米搗、屑拾い、硝子屑買、左官、人力挽、僧侶、井戸掘及井戸綱職、傘直し、賃仕事、髢《かもじ》職、屋根屋、楊子削《ようじけずり》、七色《なないろ》節《ぶし》、ラオスゲ換、皮職、ササラ売、煙草茎《くき》買、紙鳶《いか》職、煉瓦職、塗物師、瓦職、玩弄《がんろう》物師《ぶつし》、菓子職、摺物師《すりものし》、パン売、人相見、煙草切、ムキミ売、マッチ職、空樽買、植木職、竿竹売、桶職、畳刺、綿打、灰買、青物買、女髪結、竹細工師、芋商、鳶人足、魚商、付木職、飴売、木片売、粉挽、曲物師《わげものし》、洗濯師、富貴豆売《ふきまめうり》、虫売、酸漿売《ほおずきうり》、大工、下駄の歯入れ等にて新網鮫ヶ橋の貧民窟を始め其他の土地に至るも職業の知れざるは此字引にて尋ぬべし、唯何地にても十の七八は男は車夫、紙屑買、紙屑拾にて女には硝子屑買最も多し。

工場労働者の居住地区ではないので、製造業に従う人々が非常に少ない。今日ではあまり見られないササラ（竹を細く割って束ねた洗い具）や曲物（薄い檜・杉板を輪にして底をつけた容器）を商う者がある。ラオは煙管の羅宇、玩弄物師は竹トンボなどの玩具やかんざしなどの小間物を商う。煙草茎は殺虫剤などを作るために買い入れる業者がいたのであろう。当時煙草の政府による専売はまだ行なわれていなかった。七色節は未詳だが、明治十四年の『東京独案内』にはこれを語る者が三十五人いたとある。一人で数種の楽器を操る演目を八人芸と称したところから、おそらく一人でいくつもの声色をこなす寄席芸人のことであろう。

青物買というのはおそらく暖簾師というインチキ行商のことだろう。青物市場や八百屋、農家などから残り物を仕入れ、しなびた葉や茎を整えて新鮮な品物のごとく見せかけて売るのである。同じ詐術を腐った魚や鶏卵、干物などにほどこす商売を宮物師といい、悪臭を放つ鯖に石灰を降りかけて信濃まで売りに行ったり、鰹節の虫食い穴に続飯《そくい》をかませて売りつけるなどは朝飯まえだったという。暖簾師を一名方角屋といったのは、二度と同じ方角で商売をすることができないため、毎日出かける方角を変えたことからだそうな。

そのほかの職業は自明のように思われるが、あまりに零細なため、業態そのものが今日のそれとはまったく別物であることはいうまでもない。

——ところで、この時代に車夫が多かったことは、明治末年の内務省『細民調査統計表』でも下谷浅草地区約三千所帯中、四百三十五人を数えることでわかる。二十年代にはもっと多かったと思われる。一口に車夫といっても医者や官吏に雇われる「お抱え」、車宿に雇われる「やど」、停車場などで客待ちをする「ばん」（溜《たま》り車夫・株車夫）などがあったが、最も多いのは流し専門の「もうろう」で、汚れた車を夜陰にまぎれて流し歩くことからこの名があった。溜り車夫となるための権利金も払えず、むろん自分の車もない。甚だしきは筒袖や股引まで借りなければならない者が多かった。しかも別の報告（松原岩五郎『最暗黒の東京』）によれば、その三割ほどが虚弱者および老人で、収入は一日七十町余（約七・七キロ）駆けても十六銭五厘程度だったという。桜田ものちにふれるように関西地区を探訪したさい、車夫の日収が十六銭であることを記している。今日の物価（当時の約七千倍とする）に換算すると、千二百円にも充たないという恐るべき低収入であったことがわかる。

明治二十年ごろといえば、まだ旧幕時代の駕籠かきが車夫になったという例も多かったと見える。桜田が貧民街を一わたり観察した後に泊まった木賃宿で、隣りあわせた八十歳以上と思われる老車夫は、かつて三十五、六年間も東海道五十三次をまたにかけた駕籠かきだったが、桜田の仙台なまりに接して往時の仙台出身の相棒を思いだしたのか、口がほぐれて身の上を語りだす。――むかしの駕籠かきはみな体格が立派で、彫りものをした姿たるや勇壮きわまりないもので、名ある駕籠屋では帰り車に客をとらないというような格式さえ備えていたものだが、それにひきかえ当節の車夫はみな痩せさらばえ、気風も遥かに劣るようになってしまった。「御前さん御聴きなされ、其肩輿屋《かごや》の一人が今は早や此車屋さえ出来ぬ身となり果て給いぬ」。このエピソードは、旧幕時代に社会経済にしっかり組みこまれていた交通労働者が、明治に入って人力車夫という過渡的かつ不安定な存在に転落していった状況を示している。

老人の様子では乞食をしているらしい。すっかり同情した桜田は金を与えようとしたが、変装中の身であることを思いだし、飯屋に連れだして泥鰌鍋をおごることにする。「翁途すがら謝を述べて口に絶たず、其言真に肺腑より出ず」。木賃宿に帰ってくると、八人の同宿者（幼児三人を含む）がみな羨ましそうな顔をし、むかし御殿女中だったというおばあさんにいたっては、無遠慮に何を食べてきたのかと問う。桜田は「亦是れ貧天地の事なり」などと記しているが、よく怪しまれなかったものだ。このあと、やはり隣りあわせの飴屋から「先生ドーダやる気あらば骨折て見候わんか」などと仕事に誘われているほどで、それだけ変装が完璧だったのだろうか。

このあと約一週間を費やして浅草、本所、四谷などの貧民街を観察した彼は、「米価騰貴、生活を困難にし、金融渋滞、工業を沮息《そそく》せしめたる等交々渠等を排済《はいさい》したるなり。渠等の大部は元来賦性の惰民にはあらず」という正当な結論とともに探訪を終えたが、ほどなく大阪名護町の視察を志すようになる。おそらく、すでに二年前「時事新報」の鈴木梅四郎という記者が名護町に入っていることに刺激されたのであろう。

しかし、そこは東京以上に衛生状態が悪く排他的であるがゆえに、気軽に潜入するというわけにはいかなかったようだ。知友の反対を押し切り、現地にくわしい吉田という人物から情報を得ながら、同年九月中旬、京都の古着屋で入手した服で変装した彼は、緊張の面持で難波新地から今宮村に通じる道を、名護町へと入りこんでいった。

「人間生活最後の墜落」の光景

横山源之助『日本の下層社会』(一八九九)によれば、明治十四、五年ごろまでの名護町の窮状は「実に言語に耐えざりしが」「警察の整えると衛生の行き届けるとよりして更に面目を改め、加うるに不潔家屋に退去を強制してより一新して」、ようやく他の地区並になったとある。ということは、桜田文吾が探訪した二十三年はその過渡期ということになり、まだまだ酸鼻をきわめる状態だったのである。

吉田の案でキリキリ飴屋に化けることにした彼は、印絆纏、股引に麦藁帽子というスタイルで十津川郷士崩れを自称する名護町の飴屋のもとに赴き、にわか弟子入りして、高さ四十五センチ、重さ三十二、三キロの大きな飴箱を借り、二十センチほどの管竹をキリキリ鳴らしながら、午前八時、師の後について商いに出た。もともとスラム街の人々は飴を買うような余裕はないから、いきおい物々交換となる。そのための大箱なのである。

この変装のおかげで彼は一挙に最底辺の実態にふれることができた。今宮村付近の一大塵芥場では、秋の烈しい日ざしに猛烈な悪臭を放つゴミの山の上を、子供をふくむ七、八人の掘り屋が熊手を持って藁屑や瀬戸物を掻き出している。卒倒しそうになるのを辛くもこらえ、例の管竹をキリキリ鳴らすと十二歳ほどの女児に八つばかりの男の子が駆けより「これ易《か》えてんか」と贋鼈甲の歯抜け櫛や鍋の底、あるいは釘数本を差しだす。姉弟であろう。「よし」といって飴を姉に二つ、弟に一つ与える。

路地に入ると薄暗い室内より四十ばかりの病み疲れた女が「飴屋さん、これ易えてんか」と玩具のガラス瓶に釘数本、錆ついた剃刀を差しだす。剃刀だけは役に立たないので返し、飴二つ渡すと不満そうな顔。また「易えてんか」の声に振り返ると、頭部一面を悪性のできものに覆われた八つぐらいの子供が、数枚の紙屑を差しだす。断るとベソをかいて去った。

　こんな具合に午後二時ごろまでに集め得たのは蝶番、欠けた水晶玉、針金、雪駄の打ち金、鍋のつる、柄の脱けた柄杓、蝙蝠傘の柄など、みな一厘から一銭を出ないものばかり。総額わずか十八銭、そのうち現金による商いは一銭七厘でしかなかった。

　この飴屋はじつに親切な男で、商いのコツを教える態度には、早く生計が立ちゆくようにという厚意が感じられた。桜田は感謝しながら、毎日そのあとについて迷路のような町を限なく踏破し、普通なら入りこめないような地区まで覗きこむことができたのはよいが、毎日異なる服装で旅館を出たり入ったりするため「探偵」と疑われはじめたのを知った。

　それまで彼はコレラを避けるため名護町に隣りあう地区の旅館に泊まり（この旅館を彼は文中で虎隣館、すなわち虎死刺《コレラ》の隣の旅館と洒落ている）、食事もそこで済ませるようにしていたが、疑われたのを契機に木賃宿に泊まろうと考えた。吉田から、名護町の宿は到底我慢できまいから止めるようにと忠告されるのを退け、今度は大工に変装して今宮の山本という木賃宿に上がりこんだ。

ときに午後七時半。二銭を払って通されたのは三畳の部屋で、そこにすでに四人の相客がいた。いずれも頭と足を互い違いに並行して枕を並べている。第一と第二の場所の人物は薄暗いので面体は定かならず、第三は満身に瘡痕があり、脛から下はべっとりと泥にまみれ、おまけに赤裸で横たわっている。第五の人物はいまのところ外出中らしい。

桜田は第四の場所を割り当てられ、横になった。両隣の相客の手足がくっつき、一瞬逃げだそうと思ったが、ここが我慢のしどころと眼を閉じた。すると右隣の裸漢が何かをポリポリ食べている様子。一山五厘の小蟹をしゃぶっているのであるが、それが腐っているのか、紛々たる臭気が漂ってくるではないか。

何の気にする事かはと予《わ》れ自ら我意を誘い他事に一転せんとすれば、生憎に此屋に入り来れる時より吉田が語りし所に違わず、一種の臭気鼻に着きたるに(其一)、頭上に並びたる三つの便所の時候の熱さに醞醸《うんじょう》せられて其含有物を発揮するあり(其二)、之に加えて直ちに我枕の許より腥膻《せいだん》なる腐蟹の臭気を送り来り(其三)、右側面の一帯よりは裸漢が長大の身軀より発せし酸敗の汗臭《かんしゅう》紛々として親しみ寄る(其四)、臭即是空と悟らんと欲せし頑固の嗅神経も衆多の汚臭に抗し得ず、敢えなく之を頭脳に導けば頭脳は忽ち岑々《しんしん》として煩悶苦痛を惹き起さんとす、是はかなわじと絆纏の袖もて固く鼻を掩い暫し之を支えたり。

そのときくだんの裸漢は腹がいっぱいになったと見え、寝返りをうって「おまえさんのお職は」と問いかけてきた。春秋の筆法をもってすれば、この社会でおまえさんというのは人を敬うことであり、お職はというのは礼儀のある物言いである。返事をしないのは義にあらずと「大工」と答えると、相手は車力と名乗る。すると第一の席にいた男が「大工さん、お前は此宿は始めてか」と叫ぶ。

「左様今夜が始めてな」

「何と臭うはおまへん歟《か》」

名護町の住人さえ耐え難い最悪の木賃宿に、選りにも選って桜田は迷いこんでしまったのだ。このあと、第一の男が「ア、遊びに行きたい」と叫んだのをきっかけに宿中の者が色気談義、食い気談義をはじめたが、先立つものを得るにいかがすべきという点に至るや一同押し黙ってしまったこと、ややあってどうしても眠れぬらしい第一の男が起き直って「ア、苦しい、若いうち早や此様では老年の後ちが想い遣らるる」としみじみ呟いたことなどが記されている。まさに「人間生活最後の墜落」（松原岩五郎『最暗黒の東京』）を活写して余すところがない。

鮫ヶ橋貧家の夕べ（「風俗画報」1903. 10）

じつはこの夜、桜田は便所に何度も通うような猛烈な腹痛と吐き気を催し、真性コレラ一歩手前で辛うじて助かったという（あとで判明したところでは、この夏二ヵ月間における名護町のコレラ死者は二百五十人を数えた）。さすがにゲンナリした彼は一日住吉へ脱出して鋭気を養った後、こんどは廃品回収業者に扮して五百余軒の長屋をまわるという精力的なところを見せている。

十月一日、約二週間の探訪を終えた彼は、同僚に無事を祝福されながら「饑寒の全窟」という総括記事を執筆したのであるが、その中で名護町住民の異常に高い死亡率にふれ「再思すれば生来無病息災なる大我居士が帰京以来兎角勝れず、終には此一週の間筆硯を廃するに至りしも亦此数因の其一二を俟国より得来りしに基づけり、僅々二週間の探検者さえ既に斯くの如くなれば、全般の事情を推測さするに於て読者諸君の判断亦た自から容易ならん」と、この探検行が体当りにほかならなかったことを強調している。

乞食もりっぱな職業の一つ

この結論部分は人口、戸数から家屋の実態にいたるまで多岐にわたるが、ここでは職業に関する事項を注目したい。彼は当時のお役所の不完全な調査をもとに、名護町の人口約一万の職業を、雑業者三割余、マッチ造り一割、乞食一割、廃品回収業者一・五割、無業者〇・一割余、児童三割と推定する。マッチ造りは箱造りと詰め作業の二種あり、前者は午前六時から午後六時までの十二時間労働で日収三銭五厘、後者も同じ労働時間で八銭しか得られない。だいたい箱造りといっても身と蓋の両方を作らなければならないから、一日のノルマ七百五十個をつくるには千五百を貼らなくてはならず、しかも下手な貼り方をすれば糊代七厘がかかってしまう。これは賃金から差引かれる。詰める作業はなお大変で、一日八銭の賃金を得るためにはなんと二十四万本のマッチを二千四百箱に充さなければならない。

廃品回収業者はこの町だけで千五百人以上もいるため競争が激しく、桜田自身の体験によれば、同業者より早起きして一歩でも多く歩かなければ収入は覚束ない。終日働いて四銭五厘がやっとである。

乞食を職業というのはおかしいが、貧民街ではりっぱな職業の一つである。一日八時間で三百軒をまわる間、十軒のうち一軒が一厘を恵んでくれるとすれば三銭となる計算だ。桜田の飴屋の体験からも、これくらいの収入はあると思われた。

他に立ちん坊があるが、これは無宿労働者で、家賃滞納や家庭不和などのため長屋にも住めない者の職業とされていた。桜田が木賃宿で出会った車力もその一人であろう。二、三百キロの荷車を引く場合、約一キロメートルあたり三銭が相場。日に二十銭も稼げば上々で、多くは十銭がいいところだったという。

この程度でしかない日収に対して、それでは生活費はいくらかかるか。桜田の計算では米代、燃料費などに最低五銭三厘はかかる。あと一銭、いや五厘の不足がどうにも埋まらないのである。それでも埋めなければ生きていけない――ついに、桜田は無辜の民にかわって訴えざるを得ない。

……富人動《やや》もすれば無礼にも吾等を称して自暴自棄の惰民といえど、日十一時間の労働、長き時間歟、短き時間歟、……牛馬の如く働けども所得は所費を償うに足らず此差を責めても償わせんと我等は常に苦心しつゝ、南京米の代りに如何わしき残飯を買い、飲料水の代りに内井戸なる無代償の濁水をば用ゆるなり、是に由りて費用の超過を僅に節し止むるを得るなり、然る代りに腹工合は南京米を炊き清水を飲みたると同じ道理には行かざるなり、種々の病因は作るなり、斯くまで腹を殺し身を害して良民たるの名節を立つれば、富者は更に我等を責め、悪食悪飲コレラを媒介し病毒を社会に播するなりと、去らばとて悪疫の媒介者たるを避けんと欲すれば、得失不償の哀しさは止むを得ずして泛濫して法外の所為に及ぶことゝは成り行くなり。

烈々たる大文章で、明治ジャーナリズムの最良の部分がここにあるといえまいか。桜田はその後、日清・日露両戦役に従って通信を新聞紙上に連載、戦後は京都に移住して京華社および京都新聞社を興し、京都市会議員に当選、大正十一年（一九二二）五十九歳で没した。戦争のさい従軍記者となり、のちジャーナリストとしてよりも経営者、政治家として成功したという経歴のせいか、その名は言論史からは完全に無視され、この一編だけが労働問題の資料集に収録されているのみ。しかもその資料集の編者からして、本文を一読すれば判明するはずの彼の略歴について、ろくに読みもしないで「地方の人名辞書に出ている以外のことは不明」と記しているほどだから、要するに桜田に人物としての関心を持つ者はなく、完全に忘れられたジャーナリストといってよかろう。

このことは、ある意味で『最暗黒の東京』の著者松原岩五郎が日清戦役のルポを書いていらい貧民問題から遠ざかり、晩年家作をもって悠々自適したという事情と似ていなくもない。彼らと同じようにスラム問題を扱いながら、生涯社会問題の評論家に徹して陋巷に窮死した横山源之助と対比されるのは、ある程度は止むを得ないであろう。しかし、当時としては破天荒な下層社会ルポという分野については、「日本」紙上における桜田の活躍なくして「国民新聞」における松原の起用もなく、ひいては横山がこのジャンルに刺激されることもあり得なかったのだから、公平に見て桜田にはパイオニアとしての栄誉が与えられて然るべきではなかろうか。

ユニークな隠語の数々

桜田の先駆性ということをもう少し詳しく見て行くと、彼は変装までして一つの世界を実体験するという方法論にとどまらず、徹頭徹尾貧しい人々の側に立って一般社会、とりわけ富裕階級を鋭く告発する視点を確立したといえる。このローアングルの視点を貫いたことにおいて他のレポーターをはるかに超えるものがあるといえよう。

『貧天地饑寒窟探検記』の最も説得的な個所として、明治十九年における名護町およびその周辺（日本橋および難波地区）のコレラ患者と窃盗の発生件数をドットで示した二枚の略図がある。それは一見同じものではないかと思うほどよく似ている。つまりコレラの発生数が正確に窃盗の発生数に見合っているのである。「虎列剌多き処は概して貧民多き処なり、貧民多き処は亦た窃盗多き処なり、……若し其れ窃盗に次ぎ名護町に最も多き雑犯の一種、其他詐偽強盗を標出せば、名護町の図上は黒点斑々、其の区画だも弁ずる能わざるに至る可し、嗚呼富なるもの畏る可し、貧なるもの哀しむ可し」。

これに続いて彼は名護町で採集した隠語を列挙したり、私娼の実態を紹介するなど、スラムの犯罪的な側面をも描きだしているのだが、それらも後のレポーターのように猟奇趣味に陥ることなく、一定の節度と同情の立場を保っているのは注目さるべきであろう。

(サツケイ) とは警察を指す倒語なり。

(ボッソリ) とは巡査の事なり、靴音のもそろ〳〵なるに取れるなり。

(シケ) とは所得なきをいう。霖雨の候漁撈の利なきに比するなり。

(テンカツ) とはシケの反対、所得ありて仕合善きを意味するなり、霖雨に対し天潤というにもあらじ其語源詳かならず。

(ナダマワリ) とは窃盗に出て立つなり、危機の灘を回るの意と知らる。

(夜商) とは夜中人家に忍び入るなり。

(一夜作り) とは圃園の蔬菜を窃むものなり、蔬菜は元と日月を重ねて成るものなり、之を一夜に作るというなり。

(空巣狙い) とは留守宅を窺い忍び入るなり。

(置き差し) とは店頭に革嚢の類を掏り換ゆるなり、是れを置きて彼れと差し換ゆるというなり。

(絞り揚げ) とは盥中にある洗濯物を盗むなり。

(蜂追い) とは荷車を追い、往来にて積荷を盗むなり、蜂の蜜を追うに比する歟。

（蜂の巣）とは格子の外より竹にて物を挟さみ取るなり、危険の度を蜂の巣を伺うに比したるものならん。

このほか「ドヤ入り」が「ドヤ〳〵と無数の者が一処に雑入し居る」状態を指し、「彼等の社会中最劣等者を指称するもの」という解説なども、後年の観察者のそれと一致する。ちなみに右の例で「空巣狙い」ということばがあげられているのは、まだ一般的に知られていなかったことを示すもので、同時代の『日本隠語集』（稲山小長男編、一八九二）によってようやく収録されるという段階だった。さすがに貧民窟に近いところに住んでいた樋口一葉が、『たけくらべ』（一八九五）で早くもこの語を用いていることに注意すべきであろう。

私娼については、女だけが集まる長屋で、彼女らが両肌の刺青もあらわに寝そべっている図を観察している。この種の女性は東京では客の袖を引く姿にも多少は「羞悪の心」が認められるが、大阪では理髪店や飲食店の前に群がり、土方や車夫、商人などを見れば冶《や》声《せい》をあげてつきまとう。「其行為忌み且つ厭う可し、然れども彼等も亦人の子なり、元と好みて之を成すに非ず、亦是れ窮《きゆう》男子の盗を為すと一般、已むを得ずして此に出つるものなるを思えば豈愍む可きに非ずや」

――桜田文吾のレポートはほぼ以上につきるが、連載を終るにあたって「燈火に筆を投じて此《こ》に是篇《この》を絶つ、尚憂う寒《かん》の将《まさ》に彼の一窟に迫らんとすることを」と結んでいるのも印象的だ。おそらく彼をはじめとする明治中期の〝探検者〟たちは、スラムの歴史の最も悲惨な部分を観察したのではなかろうか。極貧者を都市社会の厄介者として追い出す策のみに腐心していた当局は、そのためにまったく救済のシステムを設けようとはしなかった。

もっとも、各時代を通じて貧民街に十分な救済の手が伸びたことは絶えてなかった。そこは常に生死の境界線上にある世界であって、ごくたまに第一次大戦後のような好景気の余波が及ぶことはあっても、一転して不況に襲われればたちまち塗炭の苦しみに喘がなければならなかった。

桜田や松原以降の最も有力な下層社会観察者、草間八十雄《くさまやそお》はその好況を過ぎたばかりの年（大正八年）に東京三河島の共同長屋を訪れて取材を試みているが、一労働者に内地米と外米のいずれを食うかと尋ねたところ「我々のような労働者は仮令副食物は香のものでも飯米だけは内地米を食べねば反って不利益である。外米だと腹の空きかたが酷い、随て稼先で大福餅を食うとか、うどんを食うとか種々の間食を採る。大福を一つ食っても小さいので一銭する。忽ち十個位を食って終う。ソレよりか高いようでも内地米だと其様な間食を節減し得る」と答えたという。

この長屋には月収三十円内外（現在の約三万円）の家庭が七十五世帯住んでいるが、い

三河島長屋の内部（今和次郎他編『新版大東京案内』1929）

ずれも「資力がない為と信用程度が薄弱で」電灯の供給が受けられないため、割高な石油を灯さなければならない。三分芯の薄暗いランプをともしてさえも月に五、六銭(現在の数十円)の灯火料が必要だと嘆息していたという(『どん底の人達』一九三六)。

第一次大戦後の好況を含む時代の推移が、明治の地獄図よりも若干の向上をもたらしたことが窺われるが、それは〝おこぼれ〟でしかなかった。一方ではせっかく減りつつあった残飯の需要が再び増加に転じているなどという観察もあって、本質的には何の変化もなかったことがわかる。この草間の報告書が出版された昭和十年ごろには、貧民街を唄った唯一の歌謡『裏町人生』が大ヒットしていたが、その一節「暗い浮世のこの裏町を、のぞく冷たいこぼれ陽よ」こそは、まさに貧民大衆の実感にほかならなかった。

底辺生活者の悲しみ

社会経済の変化に従って、最底辺の生活にも変化が生じるのは当然だが、それは新たな惨めさを付け加えるだけであることが、とくに職業の内容を見ていくことによって明らかになる。そうした事情を、昭和十年前後に輩出したいくつかの下層社会レポート中、草間八十雄と並んで最も生色のある工藤英一『浮浪者を語る』(一九三三)から窺ってみよう。

まず立ちん坊である。斎藤茂吉が「電車のぼる坂のまがりにつくづくと立坊ならぶ日輪に向きて」と詠んだのは大正十年（『あらたま』）。当時まではどちらかといえば気楽な稼業という一面もないわけではなかったが、その直後関東大震災後の都市環境の変化により、競争がはげしくなっていった。それまで河岸の寄場などに定着していた軽子《かるこ》（魚市場や船着き場などで荷物を運んだ人足）が街頭に投げだされて立ちん坊の群に加わったほか、大八車が徐々にトラックに置きかえられることによって、仕事そのものが減ってきた。坂の下、橋の際、市場などの一定の場所に立っているのを「追いかけ」または「追っぺし」といい、そうした縄張りをもたない者を「流し」と称した。

この流しにも、元来軽子や追いかけから下がってきた〝本格的な流し〟と、他の職業からアブレて参入してきた〝にわか流し〟とがあって、労賃にも差があったが、一日の収入は平均二十銭から四十銭未満に過ぎなかった。現在の物価に換算して二百数十円から五百円程度であるから、そのころ下層労働者のための市設食堂で供される十銭の乙種定食も取れない者が多く、一パイ五銭の残飯に頼らざるを得なかった。一カブト（コップ一杯）八銭の電気ブランが彼らの唯一の生きがいだった。

もう一つ、貧民街の象徴ともいうべきヨナゲ（明治時代にはヨナゲ、のちヨナゲ屋）という職業がある。小さな熊手と目漉し笊を持って下水や溝泥の中から古釘や空瓶、金物類を拾い出す仕事であり、ヨナゲは「選《よ》り放《なげ》る」から出たことばという。前述の知久政太郎

『変装探訪世態の様々』によれば、大正初期、万年町に住む三十三歳のヨナゲ師は空瓶屋、瓶洗いをしている妻の収入と合わせて、一ヵ月に二十円内外の実入りがあった。ヨナゲ師として成功した者にはヨナゲ舟と称して市中の川底をさらっている例もあると報告されている。

これが約二十年を経過した昭和八年（一九三三）になると、東京の膨張につれて塵芥は一括して洲崎沖の埋立地に運ばれることになってしまったので、いきおいヨナゲも業態の変化を蒙らざるをえなかった。十銭の渡し船に乗って埋立地まで出張し、焼却の真最中である塵芥の山に接近し、すさまじい悪臭と焦熱地獄のなかで鉤を振るい、金目のものを選り抛る。鉄一貫目（三・七五キロ）四銭の相場である。

掻き廻すたびに灰神楽が立つ。のみならず埋立地特有の親指大の蠅が、格好の標的とばかりに猛然とヨナゲめがけて襲いかかる。そのさまはあたかも燻製の鰊にゴマをまぶしたよう。スーッと腕を一撫でしただけでも、掌いっぱいの蠅を摑むことができる。へたに呼吸でもしようものなら、一時に何百匹もの蠅を咽喉の奥に吸い込んでしまいそうなので、必死に歯を食いしばるのはいいとしても、暑さのためはげしく咽喉が乾くのを如何ともしがたい。どうするか。

ブス〳〵燃えしきっている焰の下を掻潜って、渚伝いにまだ燃えない個所へ渡って行き、発酵した塵芥山を引っ掻き漁ると、きっとそこから、蜜柑や林檎のドロ〳〵に腐敗したのが、ゴミをかぶって出て来る。それをいきなり、ガブリとかぶりついて頰張っているのだが、その味たるや甘露以上であるということだ。……

でも、彼らにいわせると「山の果実食えねえ様では、一人前のヨナゲになれるかえ。これでも咽喉がカス〳〵に乾からびて、声が胸の底に詰っているかと思える程渇いた時、山の果実――殊に蜜柑と来ちゃ、こたえられねえや――をむりっと嚙って見な、何とも云えぬ味がするからよ、街でどんな甘え菓子を食ったって、この味にはかなわねえや」と云っている。(『浮浪者を語る』)

これは八年間浮浪者生活を実地に体験した役人による、現在まったく埋もれたノンフィクションだが、人生惨鼻の極には往々にしてグロテスクな神聖さ、凶暴な笑いが蔵されていることの証左となるものであろう。しかし、ここに浮かびあがっているのは、いうまでもなく底辺生活者の悲しみであろう。著者も「この話をジッと聞いていると、何だか目頭が熱くなって来る様だ」と結んでいる。昭和戦前における桜田文吾の後継者は、人間生活最後の墜落図をこのような情景の中に捉え得たのであった。

東京残飯地帯ルポ

四谷、芝、浅草に三大スラム街

明治半ばごろの東京の地図を見ると、中央の広大な面積が皇居と諸官庁によって占められ、その周辺に市街地がへばりつくように、急速な膨張をとげつつあることがわかる。たまに広いスペースがあるかと思えば、陸軍省や海軍省の用地ときまっている。

その地図の上で当時の三大スラム街といわれた地区を確認してみると、いずれも市域の周辺部で、まず北東に浅草万年町、ついで西方に四谷鮫ヶ橋、南方には芝新網町といったところが目につく。この場合、浅草は市中随一の繁華街である浅草寺界隈や上野駅に隣接していたので、車夫などの生活に便利だったことは想像し得るが、それでは四谷や芝はどのようなメリットがあったのだろうか。

理由は簡単、鮫ヶ橋が陸軍士官学校の付近にあり、芝新網町が海軍兵学校に近接していたということだ。そこに〝残飯〟があったからだ。軍隊の残飯、すなわち鎮台飯は良質の上、好不況に無関係な安定的供給源だったので、軍隊から味噌汁のさめない距離を保つことは、福祉なき時代の極貧階級にとって生存のための必要条件だったのである。帝国陸海軍の廃棄物によって、社会の底辺が支えられていたというのは皮肉というほかはないが、当時は軍隊側も残飯の処理に窮していたので、払い下げに協力的だったという。

ところが、日清戦争以後、産業構造の大きな変化によって細民の数が激増すると、とても軍隊だけでは追いつかなくなってきた。彼らは工場や大学など、残飯の新たな供給源を求めて奔走しなければならなくなる。残飯源の拡大と多様化が、即明治社会の発展にほかならないというのも、やはり皮肉というほかないであろう。

このような残飯源の変遷にはじめて着目したのは、新聞記者出身の細民研究家、草間八十雄（一八七五〜一九四六）であった。松方デフレ政策により没落した長野の素封家の息子として生まれた彼は、新聞記者時代に四谷区旭町のスラム街を取材したのがきっかけで極貧階級の生活に興味をいだくようになり、のち東京市社会局の嘱託として細民調査に協力し続けた。都市問題研究の第一人者であった磯村英一は、震災後に東京市社会局に勤めるようになったとき、草間から「祝ってやるからついてこい」といわれ、浅草の観音堂に群がる浮浪者に〝紹介〟された思い出を記している。

草間氏が現れると、群っている人びとが挨拶する。なかには喜んで握手を求めるのがいる。その手には指の欠けたのや、血の滲んだのもある。ハンセン氏病の進んだ症状である。

草間氏は、今日は俺の仲間の〝新入り〟を連れてきた。若いけど可愛がってやれと。すると、二、三人が握手を求めてきた。〝握ってやれ〟という草間氏の気魄に押されて、ためらうスキもなく、私は手を握った。あとで草間氏が、よくやったな、ただ〝若し怖いと思ったら染《うつ》るぞ〟という言葉をきいたとき、はじめて背筋の冷たさを感じたのである。（『近代下層民衆生活誌I』一九八七）

草間八十雄（1875－1946）

ことわるまでもなく、ハンセン氏病について有効な治療法が確立していない時代の話であるが、底辺社会の実証的な調査研究がこのような体当りのコミュニケーションでしか行えなかった時代のあることは、忘れてはなるまい。草間八十雄はそのような時代のパイオニアである。

話をもとに戻して、彼が昭和十一年（一九三六）に著した『どん底の人達』というルポルタージュのなかに、残飯の変遷についてふれた個所がある。それによると、まず供給源としては明治時代には軍隊と、ついで鐘紡などの紡績工場が現れ、大正時代には劇場、大学、師範学校、芝居小屋、ビル、病院、料理屋、飲食店などが加わる。たとえば芝新網町は近衛歩兵聯隊と慶応大学、新たに拡大した本所深川地区については市村座、明治座、新富座などの興行場が有力な供給源であった。

昭和に入ると旧市外の日暮里、亀戸、新宿などにスラム街が形づくられるが、そのうち日暮里には東京駅とその近くのビル（丸ビル）内の食堂および帝劇から残飯が供給された。西条八十の「東京行進曲」（「恋の丸ビルあの窓あたり……」）が大流行したころである。亀戸や新宿などには三越や白木屋、松阪屋などが供給源だった。前述のように、草間がこの分野に関心をいだく契機となった四谷旭町は、松屋とほてい屋（当時新宿の有力百貨店）から払い下げを受けていた。

それでは残飯は、どのような値段で売買されたのであろうか。明治二十四、五年ごろは「上等」の残飯が百二十匁（約四百五十グラム）一銭、焦げ飯が百七十匁（約六百三十七グラム）一銭、残菜が一人前一厘であった。当時の米価相場は百二十匁三銭であるから、そのざっと三分の一である。残飯屋は仕入価格の五割増しで売るのであるが、細民にとっては何が何でもこれを入手しなければ生きていけないので、飯どきになると残飯屋の前に群をなし、荷車から降ろすのも待ちきれず、先を争うようにして二銭、三銭と買いもとめていく。

明治末期に警視総監として鳴らした安楽兼道（一八五〇〜一九三二）が芝新網町を視察したさい、残飯屋の店先が黒山の人だかりで騒然としているため、てっきり喧嘩と早合点したが、じつは残飯の争奪戦と知って大いに驚いた、という話がある。

明治時代、東京市中の残飯屋は十七軒であったが、大正時代には畜産方面の需要増加で、二十七軒にふえた。とくに震災後は社会事業の一つとして非営利的な残飯業者も出現した。そのころ市の社会局に属していた草間は、残飯の量や価格の調査にあたったが、市内五十二個所の軍隊、学校、百貨店、弁当屋などから一日六百七十六貫目（約二・五四トン）の残飯が払い下げられていることを知った。買値は一貫目（三・七五キロ）十二銭、売値が十八銭程度である。〝最大手〟は麻布の歩兵三聯隊で全体の五パーセントに達し、その他の軍隊施設だけでも全体の四五パーセントに達していた。以下池袋の東京鉄道教習所、青山師範、学習院などというところが主な供給源だったようだ。非営利的な事業としては、四谷旭町の二葉保育園が、新宿の明治製菓から出るパン屑を無償で供給されていた。ほとんどの供給源が残菜は無償で払い下げたが、学習院だけは上飯一貫目十三銭に対して「残菜一貫目十銭、香々《こうこ》（香の物）二銭、腸骨二銭」というようにすべてを有償にしていたと、草間は証言している。

昭和に入ると農村不況や恐慌で残飯も値上がりし、一貫目十五銭、高いところでは近衛歩兵一聯隊の二十三銭という例さえ出てきた。総じて軍隊の残飯は上飯との定評につけこんで、軍隊自らが高価で払い下げたという事実は考えさせられるものがある。しかし、残飯業者は当時急増しつつあった畜産方面の需要を安定的に満たすために、やむなく軍隊と契約していた。人間は一日二日の飢えを我慢できても、豚は我慢できないからであった。

草間はその残飯レポートをつぎのように結んでいる。

斯くの如く残食物が出て此れを需《もと》めて生きて行かねばならぬ哀れな貧民は数が多い。然らば残食物を需めて命を繋ぐには一日どの位の食費があれば足りるものか、此れを探ると大人一人で残飯が五銭で足りる。若《もし》も副食物に残菜を採れば香々と肴で二銭位で足りる。そうすると万物の霊長と思われる人間が一日に只《た》った七銭（注、今日の約百四十円）で生きている。其処ら辺りで一宵の享楽に千金を惜まない輩らと較べると、人間の生活にはこうも格段の相違があって此れでは人間愛が疑われてくる。

一宿一飯の恩ならぬ残飯の恩

残飯と聞いてただちに念頭に浮かぶのは「不潔」の二字である。じつは草間レポートに先立つ十七年前の大正八年（一九一九）に、深海豊二著『無産階級の生活百態』という本が出ているが、そのなかにはおどろくべきことが記されている。

著者はどうやら細民街の出身らしく、序文によると軍隊生活の間に「文芸倶楽部」主筆時代の石橋思案を知り、同誌に底辺社会に関する記事を掲載することができたとある。本書のスラム街についての記載はほとんど残飯に関することがらに終始しており、その内容は草間の報告ほど広範ではないが、残飯の出所とその受入れ先を一覧表に示し、仕入れ価格と販売価格を明記しているあたりは、草間の先駆というに十分である。

この本によると、残飯屋の生まれたのは日清戦争ごろからで、最も儲かったのは日露戦争のころだったという。「当時は兵隊の気が荒立って居て、真面目に七分三分の麦飯を喰って居る者はなく、毎日酒浸しになって居たので、炊いた飯は悉く残飯を造るようなものであったそうだ。そしてその残飯が無銭であるから、丸儲けをしたと云うは、其当時からの残飯屋の話である」。つまり、軍隊に関しては無償での仕入れが可能だったということであろう。前述のように軍隊は残飯の処置に窮していたので、完全に買手市場だったことになる。

こうした残飯を、著者はまず不潔という観念からとらえる。――飯が余ったからとて不潔を感じる者はあるまいが、その一粒が手桶の底に落ちていたら、水を飲むのも嫌になるほど不潔感を覚えることだろう。いわんや他人が箸をつけた食い残りの飯においてをや。しかるに生存競争の激烈な現社会の一隅には、不潔を感じているだけの余裕のない哀れな下級労働者のいることを知らなければならない。他人の食い残した飯に満足して今日を送る人があると同時に、その残飯を売っている店もある……。

著者はこのような枠組のなかに残飯屋を紹介しているほか、各種調査からまったく洩れている事実についてふれる。それは〝流れ残飯拾い〟と称して、軍隊や学校の寄宿舎などの下水道から流れてくる飯粒をすくい取ることである。道具はぼうふらを掬うような金網つきの杓子と、バケツか石油缶一個があれば足りる。兵営の周囲にある細民街の女房子供たちは、亭主を仕事に送りだした後、営内の賄処に出入りする八百屋や魚屋などの手引で裏門から忍びこみ、下水道に群がるのである。一人一日に石油缶に二杯ぐらいはお茶の子だったという。

聞くだに鳥肌が立つような話だが、さすがにこれを直接口に入れるようなことはせず、養鶏場へ持ち込んで、一升三銭で引き取ってもらっていた。石油缶は一斗入りだから、一杯が三十銭となる。細民にとってはバカにならない収入源である。歩兵第一、第三聯隊の下水は麻布笄町の住民の縄張りで、博文館の印刷工場は小石川戸崎町から掃除町あたりの住民のものというように、シマがきまっていたという。

さらにこの著者は何事にも徹底する性分らしく、残飯の行方、つまり〝残飯の残飯〟ともいうべきものを紹介する。人気のある残飯でも日によって売れ残ることがあるが、それは糒《ほしい》にして下谷黒門町の黒川などの菓子問屋に卸す。問屋ではこれを石臼にかけて粗雑な分は「おこし」の原料とし、細粉は大福餅に用いるべく和菓子屋へ相当な代価で卸していたという。むかしの人は、炊事のさいにこぼれた飯粒を糒として保存し、雛祭りなどのさいにあられとして食する習慣があったが、それが他人の食い残しのまた食い残しとなると、さすがに抵抗があったのではなかろうか。

厳密にいうと、細民のすべてが残飯に頼っていたわけではないが、あるレポートには大不況下の昭和初期、四谷鮫ヶ橋小学校児童三百九十八人のうち残飯を主食にしている者が百四人、同校旭町分教場の児童百七十人中残飯を朝食としている者三十一人、夕食としている者二人という事例が記されている（吉田英雄『日稼哀話』一九三〇）。おどろくべきことに、大正時代に大阪の私立小学校では、残飯さえも買えない家庭の子供が、掃除当番を「先生、堪忍しとくなはれ」と断わったという事例が報告されており、わが国初の学校給食（当時は「食事公給」）導入の端緒となっている。

全校児童に向かって……訊ねて見ると、驚くべし、朝食の用意がなく、欠食の儘登校しているものの甚だ少くないのを発見した。

「之れでは、学科に身の入らぬのも無理はない、どうしたものか」と思案している時、図らずも、篤志家鳥井信次郎氏が、匿名で、要るだけの白米を寄付するとの申し出があって、大正五年九月から、欠食児童に対して、朝飯だけを給与する事とした。併し無料で与えるという事は、徒らに子供の心を卑くするものだというので、毎日貯金を壱銭宛する者に限り、朝飯を喰べさせる事とした。児童は、食料を払ったつもりで、大きな顔をして、朝っぱらから喰べにやって来る。

朝飯といっても、米の飯ではない。さりとて麦の飯でもない。芋粥である。一日白米一升三四合と、薩摩芋約五六百目が、十五六人の児童の空腹を賑わすのである。時としては「おじや」を出す事もある。嘗て、試に堅飯を出した事があったが、平常芋や芋粥を喰べている腹には、非常に美味かったと見えて、平日の約倍（四升五合）の御飯をペロリと平げたという。（村島帰一『ドン底生活』一九一八）

この筆者は「心の糧を与えるべき学校で、本統の糧をも併せ与える事の可否は姑く措くとして」英国の「食事給与」と同じことが期せずして日本でも行なわれるようになったことに注目したいと結んでいる。もって当時の感覚を窺うに足りよう。

以上は細民街の例であるが、これにまさるとも劣らない悲惨な状況を浮浪者の生活に見ることができる。昭和初期に深川浜園町で東京市営無料宿泊所の係員をしていた工藤英一の『浮浪者を語る』によれば、彼らは残飯のことをヅケといい、それを仲間に売り歩く者をヅケ屋と称したという。ヅケは一定の仕事場に常雇いとなることを意味する「面付《かおつ》け」から出たことばで、細民街の残飯と異なるのは、供給源が一膳飯屋、仕出し料理屋、家庭の厨房などの〝小口〟であることだった。

いまとちがって営業廃棄物の処理を民間の回収業者に頼らざるを得なかった当時、残飯処理係を確保できることは料理屋にとっても好都合だったようで、毎日出入りのヅケ屋の来る時間になると、きちんと所定の場所に余り物を出しておき、その上、出入りの者以外には与えなかった。ヅケ屋の側でも、都合でその縄張りから抜けるような場合には、自分の後釜をきちんと店に引合わせるというような〝仁義〟を守っていたらしい。一宿一飯の恩ならぬ残飯の恩である。このへんが血の通わない軍隊や学校相手とは異なる。

それはさておき、ヅケ屋は各所の料理屋などからヅケを仕入れると、一日に二回、公園の溜り場へ出かけていく。片手には飯類を入れた容器、もう片方の手には副食物を仕込んだ容器をさげている。飯の容れ物にはお焦げであろうと五目であろうと一緒くた、一方副食物のほうには蒲焼の残りであろうと酢のものであろうと平気でゴッチャに混ぜ合わされ、「全く文字通りたまらない独特な代物」に「醸製」されてしまっている。

然もそうした代物を、猛暑三伏の候で、あの電車通りの敷石に立つ陽炎が、チカ〳〵と網膜を刺す様な陽中であろうと、また厳寒の氷つく様な日であろうと、其の容器をムキ出しのまま、二時間でも三時間でも歩いて運んで来るために、容器の中の飯は、夏などは酢酸の様な汗をかいて、キラ〳〵光っている始末の処へ、オカズはまたオカズで箱の中で好い加減揺られるものだから、すっかり醱酵して、蓋をとると甘酸い湯気がムウーと立ち上ると云った風であり、冬は冬で、それ等は皆氷りついて味も素気も無くなってしまっている始末で、誠に惨澹たる有様であると云うより外、云い

残飯屋の商い風景（『最暗黒之東京』）

様のない代物である。

しかし、このような残飯でも、極貧者にとっては唯一無二の貴重な糧にはちがいない。溜り場にはアルミニュームの古弁当箱を持った一団が、いまや遅しと待ち構えていて、ヅケ屋が現れるや否や口々にその日の副食物をたずね、気にいると代金を弁当箱に入れてさしだす。ヅケ屋は其の金額に応じ、手づかみで残飯を弁当箱に入れてやる。相場は山盛りで五銭であった。

こうして残飯を入手した者は、思い思いの場所で賞味にかかる。そのままでは食べられないようなものは「のばす」と称して、空かんで糊のようにどろどろに煮なおす。いずれにしても箸を用いることはほとんどなく、たいていは指先でヒョイとつまんで味わう。その手はかつて洗ったことがあるようには見えない。「尾籠な話になるが、著者は厠から帰って手を洗った彼等を五年の間に於て数える丈しか見た記憶がない」。

明治の一膳飯屋のメニュー

細民街の食生活を語るうえで無視できないのは一膳飯屋である。一日の労働を終えると、妻子のいる者は家庭で夕食をとるが、独身者は一膳飯屋へとびこむほかない。下層ルポの

日暮里の残飯屋店頭（『日本地理大系・大東京篇』1930）

先駆松原岩五郎の『最暗黒の東京』(一八九三)には、明治二十年代の典型的な飯屋の「不潔乱暴殆んど名状すべから」ざるさまが活写されている。

……なかんずく厨房の溷雑《こんざつ》は実に伝染病の根源にして、一面芥捨場を打拡げたるが如く、覿面《てきめん》に目立つは土間の湿気にして、譬えば河獺《かわうそ》を這わせたるが如く、狭隘なる地面、低き屋根裏、長屋続の便所、掃溜、井戸等皆一所に簇《あつ》まって黴《かび》の生えたる水桶、淤泥《おどもり》の沈澱したる盥、殊更下水は堰止められて洗い流しの疎通を妨げ、雨天の霤滴破《したたりは》窓《そう》を沿いて滴々台所に零るなど、およそ世に不潔といえるほどの不潔は悉皆《しつかい》茲に集めたるが如く、蓮根、芋、筍子の皮、鰯、鯖、鮪等の敗肉は皆一所に掃溜めて数日間も厨房の片隅に寝かし、それより発する臭気、移り香、蒸発する厨婢の体臭、海布《あらめ》のごとき着物被たる下男、味噌桶より這い出したるが如き給仕女、頭髪を梳きて幽霊の如き顔せる主婦、病牀において食事する家娘、酔漢《のんだくれ》、恫喝男、貪食者等を以て終日喧声涌くが如きこの最下等飲食店は、浅草、芝辺の場末に最も多く、三河町界隈比々《ひひ》皆これなり。

このような店では一日に一皿五厘ないし一銭の煮しめ五百皿、煮魚百皿、刺身五十皿、鍋類若干を売りあげていた。煮しめの材料は切り干し、豆腐殻、ぜんまい、わらび、人参、じゃがいもなど。魚は鮫の破肉《あら》三貫目を皿百枚分に盛り、大鮪の頭から刺身十枚をつくる。いずれも安いところから仕入れるので、新鮮である筈もない。わずかな幸いは、世人が恐れて食べなかった河豚が廉価で口に入ることぐらいであった。

松原はとくに「車夫の食物」という一項を設けて、そのメニューを紹介している。

●丸三蕎麦――小麦の二番粉と蕎麦の三番粉をまぜて打った粗製の蕎麦。擂鉢のような丼に山盛りで一銭五厘。

●深川飯――バカ貝のむき身に刻んだ葱をまぜ、よく煮たものを飯にかけて出す。一碗一銭五厘。「尋常の人には磯臭き匂いして食うに堪えざる如しといえども、彼の社会においては冬日尤も簡易なる飲食店として大いに繁昌せり」

●馬肉店――料理法は深川飯と同じだが、種に馬肉の骨つきを用いる。一杯一銭。「非常なる膏膩《あぶら》の香強く鼻を撲ちて喰うべからざるが如し」

●煮込――牛の臓物や肝を細かに切り、田楽のように串にさし、味噌醤油で煮込んだもの。一串二厘。「腥臭《せいしゅう》鼻辺に近づくべからず。牲味異にしてとても常人の口に容るべからず」

●焼鳥——シャモ屋より仕入れた臓物を蒲焼にしたもの一串三厘から五厘。「香ばしき匂い忘れがたしとして先生たちは蟻のごとく蠱《たか》って賞翫す」

●田舎団子——うどん粉をこねて蒸焼にし、蜜あるいは黄な粉をまぶしたもの。「舌障り悪くしてとても咽喉を通る品にあらず。もし誤って食えば沸騰散（重曹の一種）の四、五杯も傾けざれば消化しがたき心地す」……。

深川飯というのは今日テレビの料理番組でも紹介される家庭向け料理となっている。モツやレバーに対しても明治時代の嗜好と現在のそれとは異なるものがあった。このような軽食は、いわば当時のファストフードで、車夫たちは横目で客を物色しながら飯を掻きこみ、腹におさまる暇もなく往来へ駆けだしていったのである。それにしても松原のカッコの中のコメントは、いかに貧困階級に同情的な彼でも、食事だけは生理的に受け付けなかったことを示している。やむを得ないことながら、これがほとんどのスラム街レポートに共通した一事であることに注意すべきであろう。

松原はまた浅草や芝、神田に密集する車夫相手の居酒屋についてもふれている。苦役を強いられる彼らにとって、冬はシロウマ（濁酒）、夏は焼酎といった一合二銭の酒が最高の慰楽である。「ともに辛烈苦味《しんれつくみ》他の醴醸《ほうじょう》なる物の比にあらず、労役者はこの一時の激醸を購いて興奮剤となし、またその労疲《ろうひ》を医する一時の薬剤として身体を欺く」。酒は文字通り彼らの生きがいであるから、その日暮しの車夫が飲代を惜しげもなく投じるのは当然であろう。掃き溜めより拾ったかと思われるような饅頭笠をかぶり、垢と汗で臭気鼻をつく法被《はっぴ》を着ているといった車夫たちが、お銚子三本、膾《なます》酢二皿を注文し、陶然としている図を見かけることも稀ではない……。

明治時代には東京中でも十数軒に過ぎなかった一膳飯屋も、昭和に入ると約四百軒にふくれあがり、深川、本所、浅草地区に全体の四割が集中していた。大阪はやや多く、四百五十軒に達していたという。『日稼哀話』の著者は昭和四年ごろの飯屋の値段をレポートしているが、それによると飯の大丼が平均五銭で、最高十銭から最低三銭までの幅があったという。明治時代の数倍である。牛飯の大丼が十銭、味噌汁が二銭、香の物二銭、煮しめ五銭、焼煮魚十銭という値段で、煮しめの内容は人参、里芋、筍、牛蒡、がんもどき、こんにゃく、蓮根、はんぺん、油揚、焼豆腐、焼竹輪、ぜんまい、煮豆、馬鈴薯、福神漬、油豆腐、干大根など。このほか酢のもの、ひたしもの、ぬた、焼海苔、納豆、塩辛、卵、数の子、フライなどが五銭から十銭程度でメニューに載っていた。

このように品目を並べてみればごく普通の食事だが、じっさいの献立をみるとカロリーはともかく、ビタミン、ミネラルなどが不足気味だったのはいうまでもない。大阪今宮の大和屋という店の朝食献立を例にとると、米飯六百四十一グラム（ふつうの茶碗二杯分、丼で大盛一杯分）の熱量八百七十九カロリー、こんにゃくと切干しの味噌汁二百四十一グラムで百四十六・七カロリー、それに沢庵十六グラムが申しわけ程度の五カロリーで合計千三十一カロリーという分析結果になったという。飯の量については「大抵の労働者は大盛二つ、小盛一つだがよく食う者は大盛三つ乃至四つ位食う者もある。まず一度に五合から七合だろう」という著者の言を信じれば、大丼二杯に小丼一杯、あるいは大丼三杯に小丼一杯、重さにして約千六百グラムから二千二百グラムというとてつもない量となるが、じっさいに大食を習慣とする者も多かったのだろう。

大正初期に大阪毎日新聞の記者として下層社会ルポをものした村島帰一も「茲に注意して置かなければならない事は、彼等が時に大食をする事と、善く咀嚼もせずに喰べるという此二事である、木賃宿等で、彼等のする自慢話の多くが、天ぷらを十五人前喰ったとか、支那料理を八人前喰ったとかいうような事であるという一事は、善く前者の事実を語っている」（『ドン底生活』一九一八）と記しているほどだ。

なお、この村島のレポートは全体として突っ込みは不足しているが、随所に鋭い観察が光っている点は見逃せない。たとえば「一膳めしやの飯は常に堅く炊く、然うしないと客が寄付かない。というのは彼等が食物を選ぶに当たっては、必ず直に腹の空かないようなものを取る。そして、夫れを善く咀嚼せずに嚥下するのである」といった記述は類書にないものだ。

飲めばシビレル「電気ブラン」

――いずれにせよ一膳飯屋の客は普通人の数倍にあたる〝ドカ飯〟によって、カロリーのみならずタンパク質も補っていたことになり、さらに不足する分を酒でカバーしていたということになるのだろう。酒類は一合あたり清酒が二十銭、正宗が三十銭だが、これらはいわば高級品で、労働者の愛飲していたのは大コップ一杯十銭の「銘酒」類。その内容は泡盛、濁酒のほか、ぶどう酒、ブランデー、ウィスキーなどときまっていた。

ちなみに昨今の若い世代がブランデーなどと聞くと、なかなか豪勢なものを飲んでいたと誤解しかねないが、これは「電気ブラン」のことで、「主食物には必ず刺激の強い電気ブランの二三杯はつきものだ」（同書）、「電気ブランとか、泡盛、ショウチューと言った、一杯飲めば胃の腑が出火したように、胸が熱くなろうという代物」（『無産階級の生活百態』）などとあるように、非常に強い酒であった。もと浅草の酒店主神谷伝兵衛（のちに神谷酒造を設立）が明治十五～十九年ごろにコレラに効くという宣伝のもとに製造発売した速成ブランデーで、「電気」は当時の先端的イメージからつけた名称だが、〝電気のようにしびれる〃意味と受け取られた。酔って足をとられる客が跡を絶たなかったため、本舗の神谷バーでは三杯以上は売らなかった。太宰治でさえも「酔いの早く発するのは、電気ブランの右に出るものはない」(『人間失格』一九四八)と記しているほどだが、じつは昭和初期に早くも無産労働者階級のための〃定番商品〃となっていたのである。現在の「デンキブラン」はアルコール分の弱い別製品である。

要するに彼らにとって酒は楽しむものではなく、現実の憂さをしばし忘れるための刺激物としか考えられていなかった。ほんのりと微醺を楽しむなどという境地は別世界の話で、ただ泥酔だけが目的だった。

少しく酔いが廻って来ると、何れも酒癖の悪い連中ばかりとて、見ず知らずの隣の客に、昔の自慢話をしたり、大喧嘩の時の自分の働きぶりと言ったような、怪気焔が初まる。それがお互に酔うと過去を自慢したがるので、遂には自慢と自慢が衝突をして、喧嘩口論となる……。

処が飯屋の方でも斯麼《こんな》喧嘩は一日中の日課であるからして、そら初った位で、別段仲裁もしない。それを仲裁しようものならば、悪くすると、仲直りとか何とか因縁をつけて、結局タダ匁五分で、飲み喰いされるような事になるから、決して仲裁をしない。（『無産階級の生活百態』）

元来、人気《じんき》の荒い世界であるから、従業員も並の神経では勤まらなかった。給仕の女性にしても「汗臭い、頭髪は雀の巣のような、夏などは傍へも寄れぬような悪臭がしていて、醤油で煮しめたような腰巻をバタつかせながら『お待ち遠う様ッ』と頭のてっぺんから声を出してくる図を見たら最後、二度と通う気になれない」（同書）。しかし、このような使用人のなかには同情すべき者の多かったことが、松原岩五郎によって報告されている。

受宿（口入れ屋）の紹介で来たのは健康で身元確実だが、なかには不健康でほとんど廃人のような者もいた。私生児や捨子で、拾われて育ったという例も多い。店に寝起きしているが、満足な臥床も与えられず、座敷の隅にある狭い棚の下に二、三人ずつ犬のように固まって寝ていた。脚は伸びず、手は拡がらず、「加うるに終日の疲労と不規則なる飲食の仕方と鄙湿《ひしつ》なる住居、陰鬱なる動作によって体格の発育を妨げ、或る者は非常に肥満し或者は非常に貧瘠《ひんせき》し、あるいは短脊《せひく》にして幅太《よこぶと》り、あるいは長脛にして項《うなじ》短くさながら画のポンチを見るが如く……」（『最暗黒の東京』）。貧困は食の場面に集中してあらわれるが、その結果たるや、かくも悲惨なものがあったのである。

ゴミ箱の中のご馳走

それでは下層労働者に対して、食生活上の社会福祉政策はなかったのかということになるが、明治時代には皆無である。大正の米騒動を契機に、ようやく社会政策実行団の名で東京市内に「平民食堂」が設けられ、大阪にも市営食堂が開設された。これらは一般に公衆食堂と呼ばれたが、昭和初期には不況を反映して全国七十二ヵ所にひろがり、利用者も一ヵ月九万人以上に達した。

当時(おそらく昭和四年)、大阪西野田における公衆食堂の定食献立を、やはり『日稼哀話』の著者が記録にのこしているので、正月元旦と平日一月十日、二月五日の例を記しておく。

●一月一日　朝(雑煮、味噌汁、大根、人参、小芋、焼豆腐、田作、数の子、酢牛蒡、香の物)、昼(鮎塩焼、小芋、大根、人参、煮付け、香の物)、夜(小豆、鰹煮付け、牛蒡煮付け、香の物、小豆飯)。

●一月十日　朝(豆腐、若布、味噌汁、福神漬、香の物)、昼(水菜、ひたし物、かやく飯、高野豆腐、こんにゃく、人参、揚げ、香の物)、夜(昼に同じ)。

●二月五日　朝(大根、小芋、揚げ、味噌汁、黒豆、煮付け、香の物)、昼(鮭焼物、水菜、ひたし、香の物）、夜（干物、若布、かますご、二杯酢、香の物）。

栄養学の観念が入ってきた大正以降だけに、全体として栄養のバランスはよくなっている。水菜は塩煮であろうか。ごくたまに天麩羅がつくこともあった。値段は朝食十銭、昼夕食十五銭だったが、ドカ飯に慣れた者がこれで足りるわけはなく、「追加」注文で大十銭、小五銭をとられるため、合計三、四十銭は覚悟しなければならなかったようだ。一般のカレーライスや盛り蕎麦が十銭という時代である。

それはともかく、『日稼哀話』を読むと大阪各地の公衆食堂の献立が精細に記録されているのに一驚せざるを得ない。序文によると著者の吉田英雄は賀川豊彦の門下生だったようで、本所の産業青年会という慈善団体で働いていたが、事情あってそこを飛び出した後、前後五年間の放浪生活を送ったという。その間せっせと公衆食堂に通いつめ、怨念をもって献立のメモをとり続けた様子が窺われる。それればかりか、「食券を買うとき食券と引替に丼に盛られた盛りきりめしを見るとき、つくづく淋しいものだ」という彼は、そのような時代に作った〝詩〟の一篇を掲げてみせる。

あの男

いつも淋しく
めしを食う
きょうも一緒に食券を
買うときに見た暗い顔
黙って来て
黙って食って黙って出て行く食堂の
めし食うときはかなしくもあるかな

衛生とか栄養とか献立の問題よりも、このような無限の疎外感、孤独感こそが、下層社会の食生活の本質ではなかろうか。

——前述の工藤英一が無料宿泊所（一泊所）の係員時代に経験したというエピソードにしても、この問題に一脈あい通ずるものがあるように思われてならない。

浅草公園の浮浪者狩りがひときわ激しさを見せた大正十五年の冬、宿泊所の窓口にノッソリ立った男がある。その風体を一目見て、係員が呆然としたのも無理はない。もじゃもじゃの頭髪、目の下から胸へかけて熊の皮みたいな不精ひげが、口や咽喉を覆いつくすかのように伸びていて、しかも食物の汁で飴のように固められている。衣服もボロ雑巾の継ぎあわせとしか見えず、折からの氷雨でぐしょ濡れになって、裾から異臭を放つ滴が落ちている。

それよりも係員は、男の手を見て、一瞬胸が悪くなってしまった。熊のように伸び放題の爪が妙に変形し、その間に挟まった異物が石のように固まり、皮膚一面はあたかも汚い手袋のような凹凸のある黒褐色の皮に覆われ、テカテカに光っているという始末。さすがの係員も思わず「きみ、もっと離れてくれたまえ！」とどなってしまったほどである。

ところが男は悪びれるようすもなく「旦那、泊めておくれよ」という。係員は何度もためらったあげく、水道で顔や手を洗わせ、着替えをさせてから上げることにした。腹をすかしているので、食事を与えてから事情を聞いてみると、男はボツボツと身の上を語りはじめた。

それによると、男は浅草寺の縁下や植込みの中などで野宿をしていたが、ある雨の夜に浮浪者狩りを食い、野宿の場所に困ったとき、ふと目についたのが大きなゴミ箱であった。ぐしょ濡れになって震えていた彼にとって、選択の余地はなかった。ゴミ箱の蓋を開けると、そこには外気と異なる「親しみある湿気が充満していた」。それが男の本能を刺激した。ためらうことなく、中に入って蓋を閉じると、湿り気のあるゴミが冷えきった身体を暖かく抱きしめてくれるようで、たちまち心地よい眠りにおちていった。

当時浮浪者のゴミ箱を塒《ねぐら》にする習慣が、けっしてめずらしいことでなかったことは、草間八十雄のレポート(『浮浪者と売春婦の研究』一九二八)にも記されている。震災前の大正十一年二月、浅草公園での調査によれば、約二百五十人の浮浪者の寝る場所は塵芥箱が六十七人で、最も多かった。以下住宅軒下四十八人、物置三十四人、寺社および墓地二十五人と続き、共同便所、公衆電話ボックスなどもそれぞれ数人をかぞえる。

それはともかく、件の男が翌日目をさましたとき、まず意識したのは激しい空腹であった。起き上がろうとした彼は、わが身が塵芥に埋もれているのを発見した。

彼の顔が、沢山の塵芥を除けようとしたその時である。男の手にネットリしたものが摑まれた。

で、男はあわてゝ他の手で顔の塵芥をのけると、半ば体を起して隙間を洩れる微かな電燈の光で、そのネットリしたものを見ると、否、それを見るために顔の側まで持って来ると、その匂いに、先刻からしきりに飢じさを訴えていた腹が、底の方からも り上ってきて、独り手に口の中に唾がスースー涌いて来た。

牛肉の煮た奴であったのだ。

而も、本格に上等にすき焼鍋で煮た奴だったのだ。

そこで、男は何んの用捨もなくいきなりそれを口にした。

ゴミ箱は六区でも有名な牛肉屋のものであった。そのときいらい、男は昼間公園のベンチに休み、夜になるとそのゴミ箱に忍びこんでは塵芥をかぶって潜み、投げ入れられる珍味を待ちかねてはむさぼり食うという毎日を送った。肉といっしょに汁も容赦なくこぼされ、それが塵芥の腐汁と混って彼のひげと衣服を汚し、ネットリと固めてしまったのである。

このような日々は長くは続かなかった。油断して塵芥の中から顔を出していたところを女中に発見され、楽園から追放されてしまったのである。行き場を失った彼は、はじめて無料宿泊所の門を叩いたのだった。

「なまじい人間の塵《ごみ》であったが故に、その塵としての最後の安住の所迄も掠奪されねばならなかったのである」——という著者の総括は、貧困の極限が人間世界の物語でなく、文学のテーマにもなりえないことを示しているのではなかろうか……。

流民の都市

施しをすると厳罰

明治大正期のめずらしい新聞資料を収集した宮武外骨は、その一つとして明治五年（一八七二年五月十日付の「新聞要録」に掲載されたものとして、つぎのような記事を掲げている。

香川県布告に、仏法に耽溺するの情より遍路乞食等へ一銭半椀《はんわん》の小恵《しょうけい》を施し、乞食等も亦《また》甘じて小恵に安んじ、更に改心の期なし、却て害を招く基と相成《あいなり》、甚以《はなはだもって》宜しからざる儀に付、今後右等小恵を施し候儀堅く不相成《あいならず》。万一右の令にそむく者これあるにおいては爾後《じご》其者《そのもの》厄介《やっかい》に申付義《もうしつくぎ》も有之《これある》べく候条、何《いずれ》も心得違いこれなき様致すべき事。但し其身体不具にして自存《じそん》する事能わざる者は親族は申すに及ばず、其村町に於て厚く世話いたし、他村他町等に袖乞《そでごい》等致さざる様、戸長、村町役人共取計《とりはからい》申《もうす》可事《べきこと》。

香川県のみならず、中央から全国へいっせいに発令されたものと見えるこの「笑うべき珍法令」(外骨)が、当時の要路者にとって大まじめなものであった証拠には、それから一ヵ月後の埼玉県佐知川村で、乞食に物を与え軒先に止宿させた農民が、罰として「厄介」(面倒を見ること)を命じられたということからもわかる。同じころ、ある地方では乞食を舟に乗せて暮夜ひそかに隣県に送りこんだところ、それに気付いた県が同様な手段で送り返したという、それこそ笑えぬ珍談もある。

いくばくもなくしてこの珍法令は廃止されたようだが、貧しい者に援助の手を差しのべることがかえってその独立心をそぐことになるため、社会政策上きわめて有害であるという考え方は、おどろくなかれ新憲法の成立直前にいたるまで、貧窮者対策や福祉政策に力を入れないための口実として生き続けたといえる。その原因としては歴代の財政的困難ということもあるが、根本的には駆け足の近代化のための弱者切捨て思想が、たとえ無意識にせよ上下の間に支配的だったためと見てよかろう。無論、欧米の進んだ社会政策に刺激され、経済的な敗者を体制の中から必然的に生まれた存在としてとらえ、その救済を国家の義務としてシステム化すべしという考えがなかったわけではないが、その実践としての

南千住の細民街（『日本地理大系・大東京篇』1930）

民間における慈善救済事業も、たとえば大正初期の東京における細民の数が三十万という圧倒的な現実のまえに、無力の嘆をかこつのがせいぜいであった。政府の救貧対策が辛うじて行なわれたとすれば、その動機は人道的なものではなく、低所得者層の放置が重大な社会不安を招くおそれがある場合に限られていた。

以下に述べる数々の信じがたい出来事は、このような福祉暗黒時代に必然的に発生したものにすぎない。

燃えてしまえば好都合

「火事と喧嘩は江戸の花」のたとえ通り、明治に入ってからも二、三年に一度は冬場に大火が発生、そのたびに東京（当時東京府）の密集地帯は少なくとも数千戸、多いときには無慮一万数千戸以上が灰燼に帰した。とくに明治十四年（一八八一）一月二十六日の神田から両国一帯にかけての火事は、その二年前の箔屋町火事を上まわる大きなものであった。

この日の未明に神田松枝町（現、岩本町）のスタ屋（壁土に混じる藁すさを扱う）から発した火は、折りからの強い西風に煽られて隣接の町々へとひろがり、ついに大川（隅田川）を越えて対岸の両国一帯へと飛び火するなど、神田、日本橋、本所、深川の四区（現在の千代田、中央、江東、墨田の各区）を嘗めつくし、午後五時ごろにようやく鎮火した。

全焼家屋一万五千戸以上という、この時代でも有数の大火であったが、それだけならばめずらしいこともない。じつは火元の東隣に橋本町というスラム街の存在したことが、松枝町火事を記憶すべきものにしたのである。

橋本町は神田区の東端にあって、正保年中博労役橋本源七の拝領地であった。明暦大火後社寺の跡地を開いて町家としたもので、江戸としては比較的新しい商住地区だが、文政ごろより願人坊主の長屋が出現した。願人とは本来東叡山の支配に属し、得度の証明書（度牒）は得たが、僧籍の欠員が生じないので、それを待機している乞食僧をさすようだが、実態は加持祈禱の札を売ったり、人に代わって祈禱や水垢離をしたりする俗法師の称であった。天保年間の町奉行書上には、彼らが橋本町や芝新網町などに居住し、「判じ物之札を配り、又は群れを立て歌を唄い、町々を踊歩き行き、或は裸にて町屋見世先に立ち、銭を乞う」と記されている。そのほかさまざまな低所得者層がこの地へ流入するようになり、六千六百余坪（約二万二千平方メートル）におよぶ一大スラム街を形成、犯罪者の格好の隠れ場所ともなっていった。それでなくとも橋本町は他の地区のスラム街と異なり、府の中央部に位置していたため、当局者にとっては目の上の瘤であった。火事による焼失が願ってもない再開発のチャンスと映じたのは当然であろう。

藤森照信『明治の東京計画』（一九八二）は、橋本町の再開発を本邦初のスラムクリアランス事業として重視し、当時の公文書に基いてこの問題を追っているが、それによると東京府は火事から早くも三日目に府会を開き、橋本町全域二万二千平方メートルの買上げと〝尋常一般の町並〟にすることについて審議をはじめている。買上げ予算は坪平均十円の相場で、合計六万七千五百三円。整地後は「尋常の家屋を建つるものにのみ貸与し、陋矮なる家屋を建つる者には貸さぬこととなすべし」。

この原案に対して一部の議員から「(元の住民を) 茲に置かざれば又他町に移りて集り住むなるべし、其弊は如何にして防ぎ得べきや」といった質疑が出る。府側は「其辺の心配なきにあらずと雖も、他町にも貧民の住む場所もありて芝新網町などの類あれども、多分聚団せざれば左程の害もなし、故に散布して住ましむるの目的なり」と応じる。

低所得者層への根本的対策は何もなく、ただ布団の埃を叩き出すように〝散布〟してしまえばいいという感覚である。さすがにこれに対しては「朱引外 (郊外) などへ送り、都下に置ぬ様の注意ありて、別に代地を以て一つの団聚所を設けたし」という、最小限の配慮をのぞむ声も出たが、府側の〝散布〟案に押し切られてしまう。

かくて再開発は進行したが、もう一つ注目すべきはこの町に寄生していた悪徳差配人の動きである。地主あるいは家主の代理人として地代の徴収をはじめ、ことあるごとに借家人の生活に干渉し、あまつさえ犯罪の片棒をかつぐことによって甘い汁を吸ってきた彼らは、府側が再開発を機会に従来の差配人を廃する方針でいることを知り、あわてて嘆願書を提出した。その内容は、従来橋本町の土地柄から生じた利得行為や悪行を反省し、その証拠に千五百円を拠出、町内に住民を世話する組織を設け、今後は下水屎尿処理から健康管理まで意を用いる決意なので、引続き差配人に任命してほしいというのである。いかに彼らがこのような基本的な役目を怠ってきたかがわかる。

無論、この種の願いはいっさい無視され、橋本町は職人や商人など定職者の住居地として生まれ変わった。十数年後の「風俗画報」によると、この地には医院、診療所、寄席、糸問屋組合、印土青藍（インディゴ）販売店などが存在していることが記されている。元の住人たちは、やむなく万年町ほかの既存のスラム街へと落ちのびていった。

かくて東京府のスラム掃討作戦は表面的には所期の成果を収めたわけだが、それは人災を利用して低所得者層をいぶり出しただけのことであり、本来のスラム対策から程遠いものであった。彼ら為政者たちが、無意識のうちにこのような火災を待望していなかったとはいえまい。いわば、偶然が彼らに代わって放火してくれたのである。

これが極論でないことは、それから間もない明治二十四年（一八九一）のロシア皇太子来日にさいし、政府が東京市に命じてすべての乞食を元加賀藩邸の長屋に収容し、金を与えて外出させない処置をとったことからも理解されるであろう。このさいの費用は幕府時代に松平定信が救貧用に備蓄しておいた七分金の残りをもって充当したが、大津事件に遭遇したロシア皇太子が日程を変更して帰国した後、西村勝三（一八三六〜一九〇七）ら実業家たちが収容中の乞食の将来のためにと、その金で上野山内に施設を設けるよう運動した。これがのちの東京市養育院で、低所得者層向け福祉施設のはしりとされるものである。

慈善と偽善

西村勝三らの行なったことは、当時のことばでいう「慈善」である。明治はある意味で〝慈善の時代〟であって、社会には慈善があふれていた。このことは当時の新聞をざっと見るだけでも、明治十二年（一八七九）の米価騰貴にあたって住友吉左衛門（一八六四〜一九二六）らが恤救《じゅっきゅう》のために金銭や米の寄付を行なったとか、あるいは二十三年（一八九〇）に芝区愛宕町（現港区芝田村町）に「貴婦人」が貧民救助のため氷店を開いたといった類の記事がいくらでも目に入る。文学作品についても、たとえば樋口一葉の『蓬生日記』（一八九一）には和歌の定例会での「今日は慈善会の催しあればにや来会者いと少なし」という観察があるし、上田敏の『うづまき』（一九一〇）には日清戦争のころ慈善歌劇で『ファウスト』が演じられたという記載がある。永井荷風が『新帰朝者日記』（一九〇九）の中で、自分をモデルにした語り手にショパンのノクターンとソナタを弾かせた舞台も

「苦学生補助会の慈善音楽会」だった。この種の慈善音楽会は今日のチャリティー・ショーであるが、それが一種のファッションであった点に明治という時代の特異性がある。貧富の懸隔が増大するのを目のあたりにした上流階級が、それに対するいささかの不安と良心のうずきから、〝慈善〟という名のアリバイをつくろうとしたのが真相であろう。

このような慈善ならぬ偽善感覚に対する批判が生じたのは当然で、原抱一庵は『暗中政治家』（一八九〇）の中で、慈善の催しを〝顕官紳士〟が上流婦人に取り入って接近するための場所として激しく非難し、北村透谷は『慈善事業の進歩を望む』（一八九四）という文章において「貧民全般に渇望する所の者は此れ聊かの慈恵金にあらずして、富者の同情にあるなり」と喝破した。泉鏡花もまた当時の作家としてめずらしく貧困階級を正面から描いた『貧民倶楽部』（一八九五）の中で、鹿鳴館をモデルにした六々館での慈善バザーの会場に乗りこんだ乞食の女親分に、つぎのような啖呵をきらせている。

「なあ、おかみ様、其面《つら》の皮一枚引《ひん》めくる方が、慈善会より余程良い慈善になるぜ。此方人《こちと》等の大家様が高い家賃を取上げて適《たまさか》に一杯飲ます、こりゃ何も仁《なさけ》じゃ無え、いわば口塞ぎの賄賂《まいない》さ、怨《うらみ》を聞くまい為の猿轡《さるぐつわ》だ。それよりは家賃を廉くして私等が自力で一杯も飲める様にして呉れた方が真《ほん》のこと難有えや。へこへこお辞儀をして物を貰うなあ些少《ちつと》も嬉く無《ね》えてね。而《そ》してまた無暗に施行施行《ほどこしほどこし》といいなさるが、ありゃお前、人を乞食扱いするものだ」

このような批判はモラリズムの立場からのものだが、それが「世人は只だ已むを得ざるが故に、目前富者に向て慈善を請求し、又た富者の慈善に向て讃美と感謝の厚意を表す、然れども『富』其物に含蓄せらるる罪悪に対して、深酷の注意を払いたるものに至ては、未だ之を多く見るに及ばざる也」（木下尚江『邪蘇教会の好疑問』一九〇七）という根本的な認識へと到達するには、もうしばらくの時日を待たなければならなかった。

明治四十四年（一九一一）皇室による基金百五十万円をもとにした恩賜財団済生会が発足し、窮民の診療にあたることになった。これは幸徳事件後の民心動揺を防止するための一策とされるが、都市下層階級への何らかの組織的救済事業が必要な段階に来ていることは、関係者のだれもが感じていたことでもあって、無料診療券の発行、巡回診療、病院の設置などがようやく実現の緒についたのである。

しかし、民間の救済活動は明治二十年代から出現していた。その最大のものが二十八年（一八九五）に伝道者の来日により活動を開始した救世軍で、日本側は山室軍平を指導者として廃娼運動や結核撲滅運動に尽瘁、歳末の社会鍋にいたっては首都の風物の一つと見られるまでに至った。低所得者層の救済にも大いに力のあったことは、「どん底へ救世軍の餅が降り」（井上剣花坊）といった川柳からも窺うことができる。

学校とは、まず食べるところ

このような組織の力による救済のほかに、個人レベルで地道な救済活動を行なう者も現れた。横山源之助は『日本の下層社会』の中で、明治二十五年（一八九二）ごろに細谷勝清という人が芝新網町で寺子屋を創設、その没後数年を経て教会組織を背景にした愛隣学舎なるものが出現したと記している。このほか下谷万年町にも私立小学校長を発起人として協同夜学会という学校が生まれている。下層社会の研究家草間八十雄が『どん底の人達』（一九三六）の中で紹介している牛込区（現、新宿区）南町の「一銭学校」という私塾は、中西正朔という人により明治四十三年（一九一〇）開設され、正式名称を汎愛学園といった。学園といっても長屋住まいの園主が自家の六畳の居間を開放し、壁に黒板をかけ、ミカン箱を数個並べた上に板を置いたものを机がわりにするといった、貧弱な設備しかないが、開設当初五十人ほどの児童が通学していた。まとまった月謝は払えないので、登校するたびに一銭を納める。それだけで学用品も不要というシステムであった。草間は九年後に再びこの塾を訪れて、十六人の生徒たちに「このごろお米は一升いくらであるか」と質問してみた。異口同音に「一升は三十三銭だ」という答えが返ってくる。「えらいぞ、それでは一円で何升買えるか」とさらに尋ねたところ、ほとんどの子供は答えられなかった。一円まとめて米を買った経験がないからであった。

このような塾は大阪上町ほか各地にも見受けられ、大日本婦人教育会による貧民女学校なるものも存在した。大正期には東京市外の板橋に子守学校も設立されている。この間〝お上〟は何をしていたかといえば、たしかに明治三十五年(一九〇二)スラム街に十一の分教場を開く計画を立てたが、翌年下谷万年町に開校したものを含めて入学者数が少ないため、当初は教師たちが子供のいる家を訪問し、説得することが主な仕事となった。

しかし、親たちは容易に子供を入学させようとはしなかった。理由は簡単、授業料が払えない、弁当も持たせられない、着物もないというのである。そのほかにも頭髪は伸び放題、何日も入浴をしないので垢まみれ、下駄一足すら満足に揃わないという、想像を絶した状態であるから、無理に通学させたとしても他地区の子供たちから嫌われ、仲間はじきにされるのは目に見えている。もともと親の立場になってみれば、学校などへ通う暇があったら子守をしたり、廃品回収などで少しでも家計を助けてもらったほうが、どれほどありがたいか知れない……。

下谷万年町の学校では、このような現実に直面し、一般の学業(読み書き、算盤)のほかに「特別手工科」を設けて玩具づくりなどの内職をさせることにした。そのほか新宿旭町分教場のように、ほとんどの子供がノウチャボ（欠食）という状態を見て、給食を出すことにした学校も多い。ちなみに、当時は現在のような国家財政の裏付けによる給食制度はなかったので、多くは篤志家の寄付によって運営されていた。学校給食臨時施設法が定められたのは、なんと昭和八年（一九三三）農山漁村における欠食児童が目立つようになってきてからである。

それはともかく、明治大正期の都市下層にとって、学校というところがまず食べさせてくれる場所であったという事実は、つぎに掲げる旭町分教場の四年生（女子）の作文に照らして見るだけでも十分であろう。ちなみにこの子の親は遊芸師とある。

私は毎日コックさんが、おべんとうをこしらえて、みなさんにたべさしてくれて、それを本とうにありがたいと思います。そして私は残ったごはんを毎日いただいて、それを家へもっておお母さんに見せますとお母さんはたいそうよろこびます。そしてありがたいといいます。お父さんもお母さんもよろこんで、こんなしんせつな学校は、ほかにないとお父さんとお母さんとがおはなしをしていました。それをきいて本とうに、うれしいと思いました。そしてごはんが足りないが、私がおべんとうをもらって来ますから、まにあいます。そして私は家の近所へ行くと近所の人が何をもらって来るのときくのではずかしくてたまりませんが、それでもわらう人にはわらわせておくのです。そして朝起きると、うちのお母さんが今日もごはんの残りをもらって来ておくれといいます。そしてお母さんはいつかお金がとれたら学校へおれいをしなくてはならないと思うが、それがいつになるかわからないと申して居ります。

学校から私がごはんをもらってかえりますとお母さんは、よろこんでニコ〳〵していますので私もうれしいのです。そしてあくる日の朝になると又もらって来るのが気のどくだといってつまらないかおをしているのです。それで私がいつもお母さんに、そんな事をかんがえないでいつもこんなにこまっているじゃないというとお母さんがそうだ、こんなに力をおとしてはならないといいます。そして私が力をおとさないようにするんです。

給食のおかげで、たとえば下谷万年小学校などは明治三十六年（一九〇三）からの二十三年間に五千五百六十七人の児童が就学した。ただし、卒業者は約三分の一の千八百十六人にすぎないのは、家計扶助のための中途退学という理由もあるが、家賃の安いところや物価の低廉なところを求めて、場末へ場末へと転居していく傾向のためでもあった。

親の無教育ということも大きな問題であった。大正十年（一九二一）内務省の調査によれば、四谷、浅草、深川の三地区の二千百五十九人のうち、四一パーセントはまったくの無学であり、小学校二、三年程度が一五パーセント、同四年以上および卒業の者は二〇パーセントにすぎなかった。とくに女子の無学率は五九パーセントにのぼっていた。浅草や新宿では代書業者が繁昌しており、震災前の料金ははがき一通三銭、封書一通七銭であった。新聞を読む者も少なく、大正四年（一九一五）小石川白山御殿町の七十戸を調査したところ、新聞購読者は九戸に一戸でしかなかった。南千住の共同長屋の六十八世帯は購読者が一人もいなかったが、これは代金を払わないせいもあった。新聞を読みたいときは、夜の八時ごろ夕刊の売れ残りを持ちこむ売子から、一枚一銭の割引値段で買うのであった。

現代からは想像しにくいことだが、初等教育を受けていない女子が難渋したのは裁縫ができないということだった。当時鮫ヶ橋尋常小学校の校長だった庄田録四郎は細民街の主婦の約五分の一がまったく針を持った経験がないことを指摘している。彼女たちは自分の衣服のほころびを繕うことすらできない。ましてや衣類を解いて洗い張りをし、仕立て直すといったことは考えられない。寒くなると露店の古着を買い、垢まみれの着物の上に重ね、そのまま型が崩れてボロボロになるまで着ている。一家揃って身なりがこのようなありさまなので、家の掃除も台所の片付けも億劫になる。顔もろくに洗わないといったものぐさ根性というべきか、一種の鈍滞《どんたい》心理とでもいうべきものが瀰漫し、長屋じゅうにひろがっていくという。「貧しい家の婦女を学びの途に就け文字の力を授けるのは勿論であるが、其れと同時に裁縫の教えを授け、鈍滞心理を洗い去れば延《ひ》いては『どん底』から浮き出そうとする向上心を懐くようになる」(『どん底の人達』)。

昭和に入ってから男性の学歴は明治大正の水準から多少向上したが、女性のそれは終戦時にいたるまで、ほとんど変化が見られなかった。

バタバタ倒れる一家

明治から昭和初期にいたるまでの都市救貧事業が、ほとんど寄付その他の好意によって細々とまかなわれているのを見ると、だれしも奇異の念にうたれざるを得ないだろう。これは信じられないことだが、国としての本格的な福祉政策がなく、したがって救貧活動に必要な公的予算の裏付けが存在しなかったためといってよい。

明治七年(一八七四)には新政府による恤救規則がつくられたが、これは扶助対象が極貧の独身者に限定され、しかも幼児もしくは老人のみという年齢制限があったので、家族をなしている一般の困窮者はまったく救済の対象にならなかった。明治二十三年(一八九〇)議会開設の直前には自由党員による低所得者層救助の建白が行なわれ、これを受けた形で第一回帝国議会では政府提出の窮民救助法案が審議されたが、あっさり否決されてしまった。このとき法案に賛成した一議員の演説は、「貧民即下等民は遊民即徒食民ではございませぬゆえに、貧なるものは殖産興業の手足であって、また製産品に対しては工手即道具である。それゆえ貧民の多いということはもとより喜ぶべき現象ではございませぬが、さりとて貧民が少なきに失するは、あるいは殖産興業の手足をして不振なる有様であるといわねばならぬ」……というもので、当時の為政者の本音がきわめて露骨に出ているといえよう。これでは本質的な意味での福祉観念が芽生えないのも当然であって、その後約四十年を経なければ救貧立法が施行されなかったのも、決してふしぎではない。

わが国初の本格的救貧立法としての救護法が公布されたのは、昭和四年（一九二九）田中義一内閣のもとであったが、福祉関係者がやれやれと思ったのも束の間、浜口雄幸内閣の緊縮政策のために、いつ施行されるか皆目見当がつかなくなってしまった。これを見て立ち上がったのが当時全国に二万人いたといわれる方面委員（現在の民生委員の前身）である。関東大震災後の困窮者の激増に強い危機感を抱いていた彼らは、救護法期成同盟なるものを組織し、数度にわたって政府に陳情を行なったが、ついに埒があかないと見て「謹んで聖鑒《せいかん》を仰ぎ奉る已むなきに至った」という上奏文を牧野内相につきつけた。これによって政府は重い腰を上げざるを得なくなり、競馬法の改正その他の手段でひねり出した五十万円をもって、翌七年からようやく実施にこぎつけることになったのである。

方面委員はドイツやフランスの救貧制度を参考に大正六年（一九一七）岡山市に済生顧問として生まれ、間もなく大阪府で方面委員という名称となり、東京では大正九年にはじめて下谷区に設けられた地域密着型の救貧制度である。知事・市長らが小地域を単位に数人の篤志家や学識経験者を名誉職の委員に任命するという制度で、主に低所得者地区における生活実態調査をはじめ、金品給与、保護救療、生活相談、指導を担当させた。最盛期には全国で三万数千人の委員が、百十二万余件の事例を取り扱っていたという。

この方面委員がどのような活動を行なっていたかを見ることは、とりも直さず戦前の福祉の水準を知ることになるわけだが、そのために適した文献がある。昭和十年代に東京の下町で方面委員をつとめていた山田節男という人物の『貧苦の人々を護りて』（一九三九）という記録である。後に述べるような理由で、この本は著者の実体験が半分、のこり半分には他人の手が加わっているように思われるが、とりあえず資料となり得る部分を中心に読んでみると、著者は当時四十四歳、山形県の片田舎から裸一貫で上京、神田の薪炭商に奉公した後、日露戦争に動員されて負傷、帰国後錦糸堀（現、江東橋）で米穀商を開業して成功、昭和初期には家作の七、八軒を所有するまでになったという経歴の持主のようである。町会役員や防護団の団長、出動将士後援会の支部長などに推されるほどの、いわば地元の名士であって、「現在東京市にある二千五百余名の方面委員の約九割は、私の歩んだと殆ど軌を一にするような経歴を踏んで来た」。たしかにそのころの方面委員には退役将校や医師、弁護士なども含まれていたが、多くは山田のように低所得者層の多い地区に定住し、米穀商や質店などのように庶民にとって「敷居の高くない」、「他人目《ひとめ》につかずに入り易い家構えの主人」が選ばれていた。

山田は委員に任命された震災直後に、町内六百世帯のうち要救護世帯七十戸ほどの正確な調査を行なったが、その結果「第一種カード階級」が二十八世帯、「第二種カード階級」が四十二世帯あることが判明した。カードというのは「東京市方面世帯票」と称する低所得者調査カードのことで、第一種は公私の救護なくしては生活不能の者、第二種は辛うじて生活しうるが、事故があればたちまち生活不能となる者に区分されていた。このように救護法の対象となる人々の総称である「カード階級」は、経済的な不安をかかえる昭和初期の流行語となった。

このカードの表面には低所得者世帯の戸籍的な情報や収入、住宅状況などを、裏面にはその世帯に対する救済活動の明細を書きこむようになっていた。しかし、すぐに記入が済むのはむしろ例外で、多くの者は戸籍さえはっきりしないため、まずそれを整えるのが方面委員の仕事だった。この時代まで多数の無戸籍者が放置されていたという事実にこそ、わが国の社会福祉の水準が透いて見える。その実態がどのようなものであったか、大正末期にスラムの苦悩をうたった井上増吉の詩の一節を読むだけで十分であろう。

戸籍調べの
巡査が
長屋へ廻って来た
『おまえの
婿はんの名は
何ちうーか？……』
四十近くになる
法界屋の女房は答えて
『金ちゃんと
言いまんネ……』
『名字は？……』
『知りまへんネ……』

巡査は
不思議な顔付きで
『夫婦になって
何年になるか？……』
『十年にも
なりまっしゃろ……』
『それで婿はんの名を
知らんのか？……』
『ヘエ……』
『婿はんの原籍は？』
『それも知りまへんネ……』
秋の夕陽を
一杯に浴びて

烏は――
笑わずに飛んで行く（『日輪は再び昇る』一九二六）

カード裏面の記載については、山田はその一例として昭和八年に本所区（現、墨田区）錦糸町に六畳と二畳の長屋住まいをしていた一家――十七歳の長女を頭に三人の子供をかかえた夫婦――を掲げているが、それによると当年五十一歳の戸主は郷里の茨城県から上京して建設作業員をしてきたが、近年胃病で収入が皆無となり、妻のミシン掛けの内職と長女の工場労働による給料を合わせた二十八円だけとなった。公務員の初任給が七十五円、米十キロが一円九十銭という時代であるが、この一家はそれまで四十七円の月収で露命をつないできたらしい。救護法による扶助金給与の対象は、まず六十五歳以上の老衰者、十三歳以下の幼者、妊婦、身体障害・疾病・傷痍その他によって労務を行なうことのできない者のいずれかに該当する場合ということになっているが、この一家の場合、菓子製造工として住込みに出ている長男以外の四名が救護対象になる。

東京市は単身者の場合月額九円、四人家族なら月額二十四円以下の収入しかない者を、第一種カード階級として扶助するという方針だったようだが、多少とも収入があればその分だけ減額することになっていたので、二十八円の収入があるこの一家はギリギリのとこ

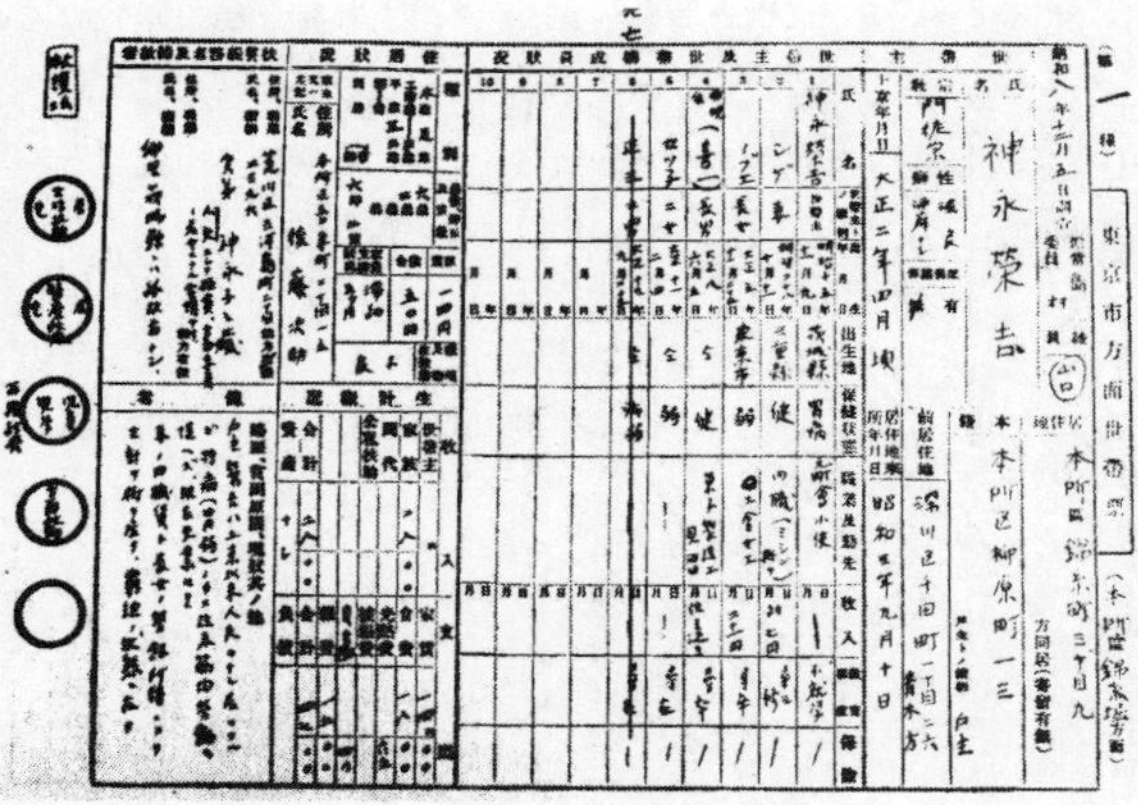

東京市方面世帯票（本所区錦糸堀方面）

氏名　神永榮吉

方面委員作成の調査カード

ろで扶助金を受けられないはずであった。
ところが同年五月に一家の大黒柱であった長女が肋膜炎を患っていることが判明、収入が跡絶え、方面委員を訪れたときには家賃を五ヵ月も滞納するありさまなので、第一種階級として認定され、生活および医療扶助が申請されることになった。以下、カードから主要部分を摘記してみよう。実名を伏せたほかは原文のままである。

十二月六日　世帯主＝同愛社診療（胃病）。
十二月十八日　長女＝済生会診療所へ紹介（肋膜）。
同日　二男（九歳）＝市診療券（二枚）。
十二月二十八日　歳末同情週間救済品。乃し餅壱枚、醤油一本給与。
同日　歳末救済御下賜金一封伝達。
九年一月九日　世帯主＝同愛社診療券（二枚）。
一月十五日　世帯主＝往診一枚。
二月十五日　世帯主の病気は慢性にして長期診療を要するため救護法に依る居宅医療申請の手続きをなす。
三月七日　長男、盲腸炎に罹り市立深川病院に収容。

三月二十六日　退院。
四月三日　長女、済生会本部病院へ入院す。
四月十日　二女（十一歳）二男に対し児童就学奨励規程に依る学用品、被服、中食（昼食）を給与受けるよう、貧困証明を作成し、錦糸小学校長へ申請書提出、丙種給与決定。
五月二日　妻＝市診療券三枚（皮膚病）。
五月七日　糞尿汲取料免除申請のため、貧困証明書作成、交付。
六月八日　二男＝同愛記念病院診療券（第一種取扱）。
八月三日　二男＝同愛記念病院は方角悪しとの母親の請願に依り、深川区あそか病院診療に変更。
九月二十日　二男死亡、助葬会へ紹介、方面委員救助規程に依る埋葬費支給申請。
九月二十一日　二男死亡により生活扶助金額変更手続をなす。
十月八日　内職払底し居るに付、妻の要求に依り本所授産所へ紹介。
同日　白米券十八枚給与。
十一月二日　二女＝市診療券交付（二枚）。
十一月九日　二女＝腸チブスと判明、本所病院に収容。医薬並に食費申請のため、区長へ貧困証明願提出。

十一月十八日　妻＝市診療券三枚（皮膚病）。

第二カードへ。

錦糸堀の周辺には時計製造工場があったので、長女はその女子工員であったのかもしれない。肋膜（おそらく肺結核）と判明してから一年近くも入院が遅れているのは、当時結核専門の中野療養所が満員のため、十ヵ月ないし一年間待たせるのは当然という状態だったからだ。私立病院は施療患者を断わってくるのが普通である。結核予防法を活用し、警察の手で入院させる方法もあったようだが、「昨今殊に日支事変のため沢山の巡査が応召された結果手薄であり、かてて加えて事務は輻輳を極めるばかりなので」いつになったら入院できるのか見当もつかない始末。最後の手段として市の委託病院へ手続きをしたというのが真相のようである。二男は生来虚弱であったようだが、死因は不明である。その死亡によって家族が減ったため、間髪を入れず生活扶助金額も減らされている。いずれにせよ、不衛生な生活環境のため、家族がバタバタ倒れていく様子が手にとるようにわかるのであって、この後間もなく戦時下における福祉切り捨てのもと、一家がどのような運命をたどったかは想像するまでもあるまい。

明治以来の伝統というべきか、政府は福祉予算を最小限にとどめるため、救済の対象をきわめて厳しく限定しようと試みた。右にあげた一家の例でもわかるように、病気に対しても無料診療券の発行といった応急処置がせいぜいで、本格的な療養体制が整っていない。ましてや扶助対象の拡大や不良住宅の改良といったことまでには、到底手が届かない。このような低福祉政策は、当然ながら末端に多くの波紋を生みだした。

山田は救護法が施行されてから「医者は只でかかるもの」という観念が普及してしまい、中には一家の家計状況を偽って扶助金を入手しようとする者さえ出現したと報告しているが、一例としてあげている自宅裏の結核患者のケースは興味深い。

患者は中年の男性であるが、救護を求めてきたので収入を調査したところ、「どうしても施薬患者とすべき第一種階級にすることは、方面委員としての職責上良心が許さない」ので、一日十銭の薬価を負担する軽費患者に認定したところ、怒鳴りこんできた。

その男は非常に怒りまして、玄関から奥の者、いや近所の人達にも聞こえよがしに大声で而も口汚い言葉で私を罵り、立ち去る前に玄関の畳の上へ五十銭銀貨大の青痰を二つも捨セリフと共に吐いて出てゆきました。私はしばし茫然として方面委員とはこんなひどい目に逢うものかと考えざるを得ませんでした。毎日カード階級の身なりの汚い人相の悪い人々が出入りするだけで、社会事業に理解のない家族の者たちは平素からつまらぬ方面委員なんか一日も早く辞めて呉れと頼んでいたところへ、この肺病第三期のところ〴〵へ血筋の入った固い青痰を青畳の上に吐かれたときには流石の私も立腹しましたし、家内なんか殆どヒステリーのようになって因業な方面委員の職を即刻辞退して呉れと涙乍らに迫るのでした。

山田はさらに、百二十円も月収のある官吏が不良住宅地区へ一時寄留してカード階級を装い、まんまと扶助金をせしめた例もあるとか、貧しそうな若夫婦に産院を紹介したところ、産みっぱなしにして行方をくらましてしまったという例をあげ、警戒して調査認定をきびしくしようとすると、「貴様らはわれわれのような貧乏人があればこそ方面委員の名誉職をして居れるのじゃないか」など暴言を浴びせられると述べている。これでは〝貧苦の人を護る〟はずの関係者もつい愚痴ないし本音が出てしまうということにもなろう。しかし、このような弊害の生ずる原因として、そもそも当時の福祉水準があまりに低いため、救済を必要とする層のほとんどに恩恵が及ばなかったということも考えなければなるまい。この青痰を吐いた患者にしても、東京市の定めた第一種生活者（単身で月収九円）

でないとすれば、第二種生活（同二十五円）と第三種生活（同四十円）いずれかに認定されることになるわけだが、かりに四十円としても当時〝生かさず、殺さず〟の典型と皮肉られていた小学校教員の初任給とほぼ同額で、結核の療養など土台無理な相談である。

社会保障を低所得者層に効率よく集中するために、扶助金詐欺や怠惰な者の甘えを批判するのは、実務担当者として当然といえるのだが、本書を読んでいささか奇異に感ずるのは、そこから論理を飛躍させて、〝濫救〟が低所得者層に依存心を起こさせると強調、恩恵主義をちらつかせることだ。「カード階級の人々は、次第にお医者は只でかかるものだとの観念になってしまいました」「私共明治初年に生まれたものが今日をつらつらと考えますと、最近二十年間に発達した社会事業を顧みるにつけ、全く有り難い親切な世の中になったものだと感じます。誠に至れり尽せりの設備でありまして、これを自由に而も無料で利用し得られるカード階級の方々は、国家社会の鴻恩を忘れてはならぬと存じます」……。

前述のように下町の成功者ともいうべき山田が、このように困窮者を怠け者ないし落伍者と見て、福祉イコール恩恵という発想に陥りがちだったことは理解できなくもない。そもそも日本人の多くがこのように〝働かざる者食うべからず〟のスローガンをかかげ、火の玉のように精進してきたのが近代の歴史といえるからだ。しかし、貧困を倫理面だけでとらえることによりその構造的理解が阻まれ、あまつさえ低福祉政策を維持しようとしてきた明治以来の政策に口実を与えていることに気がつかなかった。昭和戦前までの社会福祉が欧米先進国に比して著しく遅れた一因として、国民総生産の比がアメリカの一〇〇に対して日本が三（一九四〇年度）にすぎないという国力の差も考えなければなるまいが、根本的には日本人の意識の奥深いところにある貧者に対する倫理的な蔑視ということにも大きな原因があったと思われる。

もっとも、この本は前半部分で低所得者層を落伍者と見ながら、後半になると「貧乏の根絶という問題に対しては、今日の経済制度や社会制度を如何に改造すべきかということが根本的に考えられなくてはならぬこととなるのであります。……今日の貧乏の原因には社会的なものが非常に多いのであります」というように、姿勢を百八十度転換しはじめる。諸外国にくらべて制度は整わない、予算も足りない、福祉観念そのものすら根づいていない。「一君万民とか四海同胞というような言葉が極めて通俗に唱えられているにも拘らず、政治や経済の実際を見ますと、全くこの国本に反するようなことが平気で行われているのであります」。

この矛盾は、著者の宗旨変えを意味するものだろうか。そう思って読みなおしてみると、文中横文字を駆使して西欧の社会思想史を論じた個所など、著者の経歴に似つかわしいとも思えない。おそらく枚数をふくらませるために当時の版元（日本評論社）がゴーストライターを起用したに相違ない。比較的有名な文献だけに、この点は注意すべきであろう。いずれにせよ、本書が日本人の福祉観念を窺うのに有力な資料となっているのは皮肉というほかない。

追放、また追放……

考現学ないしは都市論のパイオニア今和次郎が編纂者の一人となっている昭和四年発行の『新版大東京案内』には、官庁、学校、名所、盛り場などのガイドに加えて「細民の東京」という一章が目につく。それによると、関東大震災直後の大正十五年（一九二六）、東京市内および郡部における「細民地域」は計三十二ヵ所、三万六百八十五世帯、十二万三千三十人を数え、その「大集団地」は北豊島郡（現、板橋区、豊島区および荒川区）で、最大は南千住町の四千四百一人、三河島町の三千八百四十六人、日暮里町の二千八十八人とある。もっともこの数字は常時救護法の対象とされる「極貧者」に過ぎず、低所得者層として把握されていた層はじつに三十万人におよんでいた。当時の東京市の人口は約二百万であるから、約一割五分に相当する。

なぜ北豊島郡にスラムが移動していったのだろうか。これに先立つ明治四十年（一九〇七）と大正八年（一九一九）、警視庁は明治初期いらいの伝統にならって、万年町や浅草松葉町のスラムに居住する廃品回収業者に郡部移転の指令を発したため、その多くが日暮里、三河島に移転を余儀なくされた。従来この付近には王子製紙千住工場や東京板紙製紙などに故紙を納入する仕切場のほか、近在の農家が荒川放水路に面する低湿地一帯を利用した紙漉業を副業として営んでおり、それを相手とする紙問屋が店を構えていた。警察に追い立てられた故紙業者は、このような場所に新天地を求めたのであるが、その後大震災と昭和初期の大恐慌を境に一段と拍車がかかり、ますます大規模なスラム街へと膨れあがっていった。

このような傾向が社会問題化することを恐れた警視庁は、さらに昭和三年（一九二八）と八年（一九三三）の二度にわたる警視庁令によって、仕切場を荒川放水路より北へ追いやる方策をとったため、スラムは本木町に移動した。この地は昭和七年まで南足立郡に属した荒川の沖積地だったが、以後急速に仕切場が増え、一時は人口が四千にも膨張した。戦時下の減少、戦後間もないころの増加というような消長をたどるのであるが、東京市域の拡大につれて邪魔になったスラムを周辺地区に追放し、そこが市域になると再度追放するという発想が、悪名高い明治初期の乞食追放令や細民散布政策といささかも変わらないのはいうまでもない。まさに「追放」と「散布」こそは、近代日本の貧困政策の柱だったといえよう。

無論、市域拡大に限界が生じてくると追放政策だけで追いつくわけがない。関東大震災後、各地に激増したスラム街の悲惨を目のあたりにして、東京市は重い腰をあげざるを得なくなり、そのうち最もひどい三河島と西巣鴨の二ヵ所だけを選択して住宅改良計画を実施したのであるが、これこそ東京市が行なった明治いらい最初の本格的なスラムクリアランス計画といえるものであった。

震災後の時点で行なわれた東京市に隣接する五郡の不良住宅地区は、じつに六十五ヵ所、六千二百五十八戸の多きを数えたという。そのうち最もひどいと認められたのは、北豊島郡三河島（現、荒川区荒川）の通称千戸長屋地区と同郡西巣鴨町（現、豊島区西巣鴨）の二百戸長屋地区であった。このうち三河島は隅田川西岸の低湿地帯で、大正中期までは農村であったところが、急激に宅地化され、約一万坪（三万三千平方メートル）の区域に一千戸を超える長屋が軒を接する状態になっていた。長屋間の通路はわずかに数十センチ程度で、その中央を走っている開溝排水路には汚水が溢れかえり、冬期にも蝿が絶えない。便所も十軒に一つしかなく、扉も破損して面をそむけたくなるような不衛生ぶりをさらけ出しているという有様。建物はすべて長屋で、六畳または四畳半一つだけのものが大部分を占めていた。これらをすべて鉄筋住宅に改良しようにも到底予算（百四十七万円）が足りないため、面積にして半分以下の四千三百五十八坪（一万四千三百八十一平方メートル）に限って改良を行なうことに決定した。棟数にして百三十九棟、四百六十六戸、人口千六百八人である。これは東京市としても初体験の大事業であったことはいうまでもない。

まず地区内の土地と地上物件を買上げ、居住者のための仮収容施設を建設しようとしたが、地主との補償問題が難航し、計画が三年間も遅延した上に、折悪しく大恐慌にぶつかり、予算規模の一割縮小を余儀なくされてしまった。最も困難な問題は家賃であった。もともと住民の大多数は一円五十銭から三円どまりの家賃を払っていたので、新しい鉄筋アパートの七、八円の家賃には不安を感じつつあったところへ、さらに不況による窮迫感も加わって、計画から降りたいという者が多数現れたのである。やむなく東京市は計画を三百十戸に減らし、四畳半や三畳一室という住宅も混ぜ、別に家賃の安い小住宅六十二戸を設けることに変更したのである。

こうして計画は予定より四年遅れ、昭和七年に完成した。西単鴨の場合もほぼ同じ経過をたどって完成している。しかし、いずれの場合も出来上がったアパートは当初の青写真から大幅に後退したものであったため、「住みにくい」という苦情が絶えなかった。東京市はこの事業を震災後の応急対策として施行しただけなので、ろくにメンテナンスをする体制もなく、そのうちに維持予算は削減され、せっかくのモデル地区も荒廃にまかせられ

日暮里の長屋風景（『日本地理大系・大東京篇』1930）

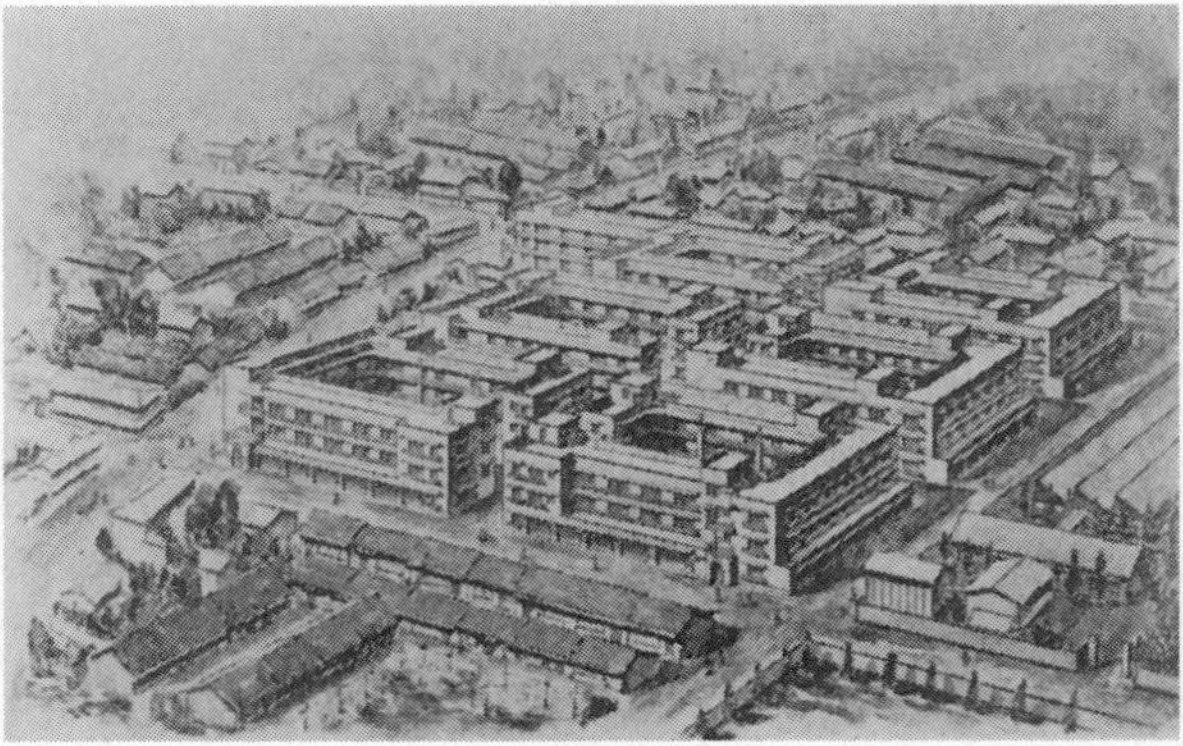

市営アパート完成予想図

るという結果となってしまった。

「スラム化は公営建築からはじまる」ということばがあるが、それは役所が維持体制をないがしろにし、利用者もまた細かなアフターケアを怠りがちだからである。かくて世に軍靴の響きが迫るころ、東京市が初めて行なった意義深いスラム一掃作戦は急速に色あせていった。

暗から闇に旅立つ

このように社会福祉がさっぱりあてにならないとなれば、残るところは細民同士の相互扶助しかない。もとより、それは不可能に近いことではあったが、極貧の暮しの中にも人間的な相互扶助の精神が発揮されていたことは、わずかな救いである。

明治二十六年(一八九三)の新聞には、乞食の中に資本金二十円の保険組合を作ろうと、一株十銭の株主二百人を集めるべく奔走しているという話が出ている。また、前述の大正八年(一九一九)における廃品回収業者の市域追放のさいにも、業者が結束して当局に公認の「屑物買入場」を設置するよう願い出たが、理想的な買入場を建設するには資金不足のため、東京雑業組合が資金を提供して「東京屑物市場株式会社」なる集荷システムを作ろうという計画があったという。このような試みの多くは挫折したようだが、いつの時代においてもそれなりの自力救済の動きがあったといえよう。

日常生活の場においても、醬油や炭の融通から借金の連帯責任（大正初期に三人連帯で十円が相場）にいたるまで、細民相互の助け合いは行なわれていた。草間八十雄は大正初期、小石川（現、文京区）のイロハ長屋では出産のさいに祝い金を出す習慣があったことを記している。この長屋は十五棟、戸数四十、家賃は月額九十銭という大きなものであったが、出産があるとその棟の者は各世帯五銭、前後の一棟では各世帯三銭を出すことになっていた。合計九十四銭が肝煎《きもいり》の手で産婦に贈られると、そこから助産婦への謝礼五十銭のほか、胞衣《えな》の片付料や産具代にあてる。このさい、家主もまた産衣を贈るのが慣例だった。しかし、これは脱脂綿や包帯まで助産婦が負担しての特別奉仕価格で、物価の急上昇した震災以降は細民街でも出産費用の平均額は助産婦報酬の八円余を含む十五円以上にもなってしまった。かくては貧者の一灯も及ばないことになり、祝い金の習慣も跡を絶った。

三ノ輪（現、台東区）の木賃宿方式の長屋朝日館でも、全部で八十室を四つに区画し、出産祝でも香典でもその一区画単位で贈ることになっていた。一区画の室数が二十であれば、各室五銭ずつで計一円となる。家主もまた木綿十尺（三メートル）を贈ったという。大正時代までは大家と店子の間にはこの種の人情が通っていたケースも見られたようで、別項で紹介した桜田文吾は明治時代の話として「十軒の長屋がありとせば、大晦日には一軒六厘宛を拠出して砂糖一袋を家主に贈ること常例なり」、日頃家賃を滞りなく納めた店子には、歳末の二十五日に三十日分の家賃を払い戻し、その上に餅を与えたという。前述のイロハ長屋の家主にいたっては、歳末に昆布一把、新年にはマッチ一包のほか、梅雨時には白米三升ずつを配った。無論、一種の店子操縦術にすぎないともいえるが、スラム街独特の人間関係だったことはたしかである。しかし、震災以降は階級意識が高まったので、大家と店子の関係は急速に変化していった。

それはともかく、このような慣習的な扶助にも限界があったのは、葬儀のさいであった。明治時代は万年町で不幸があると、近所の者が一銭、二銭の香典を贈る習慣があったとしている。当時の葬儀費用は最低でも棺桶代四十銭、火葬料三十銭など合わせて一円六十銭かかったというが、これは作業員の八日分の賃金に相当した。前述の朝日館では、子供が死亡したさいには家主が北海道の松板を用いた棺桶を金十銭でこしらえたという。昭和初期になると、葬儀費用は切り詰めても十二円以上（一般では五十円程度）かかるようになってしまった。それでも負担な者は松板を購入して棺桶を自作し、骨壺も荒物屋で買った容器を代用し、貸車屋から荷車を借り、運搬の手伝いを隣人に頼んで火葬場へ赴くという方法により、五円と少々であげることができた。その内訳はつぎのとおりである。

棺桶代　一円二十銭（松板で自作）
火葬料　二円二十五銭（貧困証明により半額）
納骨壺　三十銭
舁　料　一円二十銭（隣人雇用）
雑　費　五十銭
合計　五円四十五銭

「人の一生を終り、死の旅路に行くも回向なく法の読経もなく、暗から闇に旅立つが如く憐れ果敢ない弔いをしても五円弱（注、正確には五円四十五銭）の費用を要する。此の費用は長屋の誼みに恃む零細の香奠を、家主の情けで纏りをつけ辛くも野辺の送りをするのである」と草間は記している。

もとよりこれだけでは終わらない。埋葬という最大の困難が待ちかまえているのだが、住民には菩提寺がないので墓地を購入しなければならない。それは急場には無理なので、やむなく役所には埋葬地が確定しているかのような申告を行なって埋葬証の交付を受け、なんとか火葬だけは済ませるのだが、そこで進退きわまってしまう。当時どこの長屋でも四畳半の隅に骨壺を置いたまま、いつまでも片づかない例を見かけたもので、なかには空屋にポツンと一つだけ骨壺が置き去りにされている情景も見られたという。

草間は、このようになるのを恐れる住民の中に、火葬を済ませると骨を人知れぬ場所に埋めるよう、近隣の浮浪者に依頼する者もあったことを記しながら、つぎのような注記を加えている。

昭和七年一月一日から救護法が実施されたので、俗に云うカード族で貧しい妊産婦は原則として分娩の日前七日以内分娩の日以後二十一日以内は救護され若干の助産費を与えられ、又貧しい者が死亡すれば埋葬費として十円以内を与えられる。斯うして出産死亡の場合には公けに救護されるので、昔の如く児を生むにも亦死亡者があっても国家社会で之をいたわるようになったから、茲に貧しい人々の生活の上にも追々と救いの絆が伸び出されて来た。(『どん底の人達』一九三六)

——明治維新いらい、じつに六十四年ぶりであった。

暗渠からの泣き声

現金十八円と産着数枚

ジャン・バルジャンは飢えのために一切れのパンを盗んだ。極貧の人々が生きるために罪を犯しても社会はさほど怪しまないが、貧しさを放置した罪については一向に問うところがない。まして、その貧しさを利用する犯罪においてをや。戦前の社会を震憾させた板橋のもらい子殺し事件は、文字通り近代の闇を露呈させるような出来事だった。

共産党員の一斉検挙についで鐘紡の大争議が新聞をにぎわしていた昭和五年（一九三〇）四月十三日の午後六時ごろのこと、当時東京市の郊外だった板橋町下板橋の永井医院に、中年女性と老人が生後一ヵ月ぐらいの男児をかかえて訪れ、「この子の母親の代わりに伺いましたが、右手が不自由なもので、お乳をやろうとして死なせてしまったそうで、どうか死亡診断書を書いてください」と妙に慇懃な調子で頼みこんだ。見ると死亡後かなりの時間を経ている上に、鼻血を出している。乳房で圧死させたようには見えない。聞けばこの女性は付近の岩の坂というところに住む福田はつ（四十歳）という作業員（当時「女土工」などといわれた）で、母親は同地に住む念仏修行尼の小川キク（三十五歳）だという。一緒について来た老人はキクの内縁の夫で、小倉幸次郎と名乗った。嬰児は生後三十五日の実子で、名は菊次郎だという。

「なぜ、母親本人が来ない」「いえ、この子が死んでから、表へ出ることもできなくて……」二人は乳房で圧死させてしまったことを、盛んに弁解する。

「よし、いま手が離せないから、あとで診断書を渡そう」。両人が安心したように、問題の子どもを置いて立ち去ると、医師は早速所轄の板橋署に電話で報告した。ただちに署長、司法主任および東京地方裁判所の検事らが駆けつけ、検視の結果「掌による圧殺」と断定、同夜中に小川キクおよび内縁の夫小倉幸次郎を拘引、きびしく追及すると、嬰児の鼻と口を押さえて窒息死させたことを自供した。そのさい、同様なことを行なっているという数人の名も引き出すことができた。

じつは、これまでにも岩の坂にはとかくの噂があり、警察も内偵を進めていたが、他殺の認定が困難なため、容易に手をくだすことができなかったという。医師の段階で発覚するはずであるが、もう一人の医師水村清は「いつもいよいよ死際になってから連れて来ますが、貰い子とはいわず実子だと頑張って、もしも私がそれを看破すると、この死児をこ

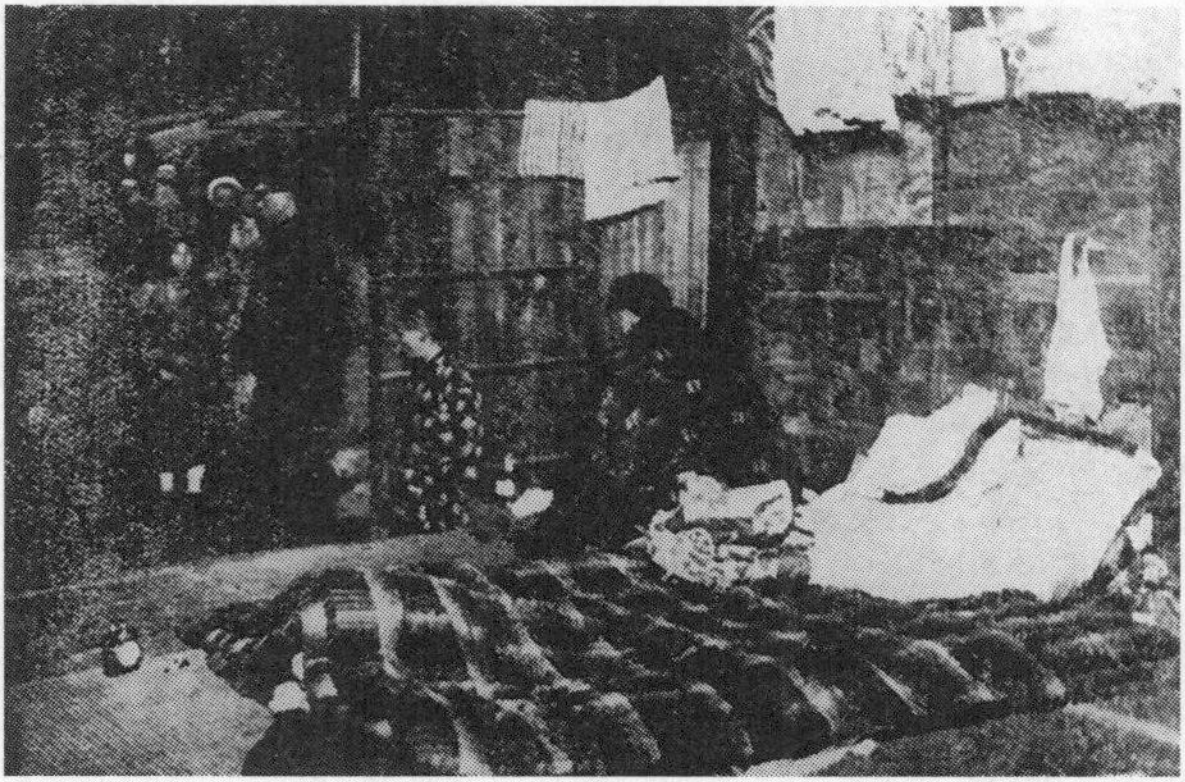

岩の坂の住宅内スナップ（「婦人サロン」1930．6）

こに置いてゆきますと脅迫する有様です。私の今までの経験ではほとんど例外なく、間接的に殺すようです」と語っている。間接的というのは、餓死させて栄養失調を装うことで、もともと地区全体に栄養障害のある子どもが多いところから、医師としては確証をもって届けることができないでいたことが窺われる。

翌日の新聞は「聞くも身の毛のよだつ／府下板橋の殺人鬼村／こじきや人夫等共謀して／もらい子殺し常習」（「東京朝日新聞」昭和五年四月十四日付）という扇情的な見出しで事件を報じた。後に明らかになった点から見ると、地域ぐるみの犯罪というのは誇張であったし、当時の新聞にありがちな職業による予断も問題だが、もらい子に関する悪習が一部に存在したことはたしかなようだ。

怖ろしい夢を見た

追々判明してきた事実によると、子どもの両親は市外多摩川村の村井隆とその妻幸子という三十代前半の夫婦であったが、夫が失業中で経済的に困窮しているところへ妊娠が重なったため、子どもが生まれる前から手放したいと思っていた。現代のように正当な手続きさえ踏めば中絶が可能な時代ではない。もぐりの手術は危険なので、ともかく産んでから赤ん坊の顔も見ないうちに「養子」に出してしまうしかないというわけで、下町の産院などには常にもらい子の周旋人が出入りしていた。村井夫婦もこのような周旋人の「立派な養い親だから養育費はいらない。ただ手数料だけでよい」という口車に乗って、生まれたばかりの子どもに現金十八円と初着を数枚つけて渡した。周旋人はこの件を岩の坂の福田はつに相談、はつは更にキクに持ちかけたのである。

キクはこれより以前、もう一人の死児の診断書を水村医師に要求したさい、たっぷり油をしぼられたことを思い出し、「今度は困る」としぶる。そこを半ば脅迫的に押しつけ、手数料のうち八円と初着は周旋人と山分けしてしまった。

キクは、この子どもを育てて再度もらい子に出すことも考えたというが、自供には「亭主は懶け者で寝食いばかりするし、子どもを育てて貰いに出すのも何年も先のこととも判らない。此子一人が育てられるかと、一途にかっとなりました。其時丁度火の付く様に泣き出したので……そっと手を差のべて（十四字伏字）。怖ろしい夢を見た時の様な気がしました。子供はぶるぶるっと身ぶるいをして（二十一字伏字）を動かした丈けで（二十字伏字）した。側に寝ていた夫も隣の人達も知りません。直ぐ布切れで鼻血を拭いて表の便所に捨てました。それから背を死児に向けて寝入りました。間もなく亭主に喚び起されたので、御座います」（大原実「貰子殺しの真相」「婦人サロン」昭和五年六月号）とある。

以後二週間のうちに判明したのは、彼女をふくむ六人の住民が計三十三人の子をもらい、うち一名を除いて全員が「変死」したということだった。当時の雑誌記事によると「此他留置場の関係から検挙見合せのもの四十一名貰子数見込み百二十七名」、「悪周旋人」として助産婦、作業員、煉瓦商とその内妻ら四名、参考人として医師三名、寺院住職四名、目撃者の尺八吹きほか三名、家主七名などのほか、子どもを手放した「女教員、女中、女工、令嬢、人妻」など約七十三名が召喚されたとある。

もらい子殺しの系譜

明治以来、大量のもらい子殺しが四件ほど発生している。その主なものをあげると、まず明治四十二年（一九〇九）五月、佐賀県で百武栄一（四十九歳）という櫛職人が妻タカ（四十二歳）と共謀、ツバキ油行商の松本ツエ（五十三歳）の周旋で私生児などをもらいうけ、親から十円から二十五円の養育費をせしめた上、すべて殺害していた。最初は餓死という手段を用いたが、次第にエスカレートし、酒の力を借りては絞殺あるいは生き埋めにしていた。土中から泣き声が聞こえると、さらに土をかけて踏み固めていたという。「六十人ぐらいは殺したと思うが、実際はもう少し殺したと思う」と自供している。この事件は海外にも報じられ、百武夫婦は死刑、松本は懲役十二年に処せられた。百武の家は怒れる民衆から叩きこわされ、残された四人の実子は親類からも見放され、寒さにふるえる姿

川俣初太郎が記した獄中記（「話」1935．11）

が哀れを誘ったという(佐賀県警察署編『佐賀県警察史』一九七七)。

第二はここでとりあげた岩の坂事件であるが、そのわずか三年後に東京で川俣初太郎(三十三歳)という男が嬰児殺しで逮捕された。前科があるため定職が得られなかった彼は、新聞の「子どもやりたし」という広告を見て犯行を思いつき、生後十日から八ヵ月ぐらいの子どもを助産婦からもらい受けては殺し、目黒区の通称西郷山(西郷従道邸の所在地)に埋めていた。二十七人もらったというが、発見された遺体は二十五体である。公判中は弁護士あての改悛の手紙などが発表されて話題になったが、昭和九年(一九三四)死刑判決が出た。

第四は戦後の昭和二十三年(一九四八)一月、東京新宿区柳町の寿産院の院長石田ミユキ(五十二歳)とその夫猛(五十八歳)がもらい子殺しで逮捕された。石田は東大医学部の産婆実習科を卒業し、東京都産婆会牛込支部長、牛込産婆会長などをつとめていたが、それまでに百十二人の嬰児を一人につき五千~九千円の養育費でもらい受け、器量のいい子は一人につき三百円で希望者に売り、そのほかの子には配給のミルクや食べ物をまったく与えず、八十五人を餓死させていた。ミルクは横流しして儲け、死児に配給される葬祭用の酒は亭主が飲んでしまっていた。法廷で被告らはあくまで「殺意はなかった」と主張し続け、同年十月ミユキには懲役八年、猛には四年が宣告された。当時、産院は旨みのある商売として雨後の筍のごとく生まれており、それにともなって全国的にもらい子殺しが発生した。東京新宿の淀橋産院のごときは六十一人を殺害、第二の寿産院事件として騒がれた。

以上、いずれも似たりよったりの事件だが、このように並べてみると、岩の坂事件だけが細民地区に起こっていることがわかる。これは何を意味するのだろうか。

関東大震災を境に、東京の細民地区は前章までに述べたような密集型から地域分散型に移行する傾向が窺われたが、昭和恐慌を契機に再び特定の地域、たとえば荒川放水路の西へ再度集中する傾向を示しはじめた（中川清『日本の都市下層』一九八五）。その中で板橋は前時代からの地域的性格を保ち続けた点に特徴がある。事件後、岩の坂地区の生活調査を担当した板橋署の貫具正勝という警部が綴ったレポートによると、同地区は江戸時代に中山道の宿駅として発達、交通労働者が多く居住する場所となり、一方では諸国の武士を相手とする宿場女郎も増えていったが、明治十六年（一八八三）上野―高崎間に鉄道が開通するや、地区一帯は火が消えたようになり、労働者のほとんどは大打撃を蒙った。貫具はこの地域に乞食が多い理由として、宿場関係の労働者の多くが体質的に正業につくことを好まず、必然的に「乞食」に転落したと記しているが、これは正確ではない。一般に大正末期以降の経済不況が多数の不安定労働者層を生みだし、細民地区へ流れ込んだというのが真相である。岩の坂はその中でも極貧の地域に属したということであろう。

昭和七〜八年の東京市社会局の調査によると、東京市全域の要保護世帯十一万三千五百五十（四十七万八千六百三十六人）のうち、板橋区の要保護世帯は四千百三十八（二万八千三百五十人）である。これは最も多い荒川区の約三分の一にあたる。とくに岩の坂は約四百平方メートル四方ほどの狭い地域に七百世帯以上、人口約二千八百人をかかえる密集地となっていた。一世帯の平均は七、八人である。住民の職業は貫具報告のまま記すと「人夫」六十九名がトップで、「乞食」五十三名がそれに次ぐ。以下「土工」「職工」「遊芸人」「日稼人」「古物商」「鳶職」「俥職」などであるが、一日の収入は二円が最高で、雨天続きのさいには二十銭ぐらいで口を糊するほかはない。したがって多くが実質的に物乞いの生活をしている。現に事件の発端となった小川キクなども念仏修行者と称していたが、実態は乞食であった。

キクの自供によると、東京下谷の大工の家に生まれたが、幼少のころ父親が精神に異常を来して家出したため、祖母に育てられた。その死後、遺言にしたがって仏門に入ったが、十八歳の春に父親を訪ねる旅に出た。途中、神奈川の木賃宿で女主人にだまされ、三円で曖昧宿に売り飛ばされたことから淪落の人生が始まり、以後は東京市内の各地で売春暮らしを続けていたが、事件を起こす十一年ほど前に埼玉県の銘酒屋で知り合った幸次郎と夫婦になり、岩の坂に住みついた。それからは習い覚えた念仏を唱えながら、軒先で喜捨を求める生活を続けてきたが、いつのころからかもらい子をすれば金が入ることを知って犯行におよんだという(「帝都暗黒面岩の坂の実相」「婦人サロン」昭和六年四月号)。

この自供に関する限り、成人後はまったく正業についた様子がなく、またその機会もなかったようである。幼少時の家族関係なども同情すべき点があり、境遇の犠牲といえないこともない。殺害を前提にいたいけな嬰児をもらうという感覚は、あらためて貧困がいかに人間性を歪めるかということを考えさせられる。

画に描いた餅

岩の坂事件は、貧困問題について無策、無感覚になっていた当時にあっても、さすがに大きな衝撃をもたらした。事件が報じられた翌日には、早くも「社会事業関係者に/大波紋を巻き起こす/内務省や警視庁と協議して/こじきの子供保護」という見出し(「東京朝日新聞」昭和五年四月十四日付)が現れ、市保護課長の談話として「乞食の手許にある子供を全部強制的に引離し、別に育児院を設けて収容したい」という案を紹介している。社会事業や教育関係、あるいは弁護士などの視察団が踵を接して同地を訪れ、警察当局もまた本格的な調査のために人員を派遣した。新聞社や篤志家による寄付金のほか、板橋町役場や済生会などから常備米や衣類などの拠出も行なわれた。

ほどなくして当局は岩の坂一帯を不良住宅地区と認定、救護策として既存の長屋の取り壊しと新住宅の建設、疾病治療の実施、小学校に夜間部を新設し不就学児童の教育を行なう、帰農希望者には旅費を支給するなどの方針を打ち出した。いずれも当然のことである。前述の貫具報告は、このような常備金、常備米の制度をはじめ医療制度の無料化、住環境の整備を提案しつつ、何にもまして定職を与えることが必要であること、それには当局者の自覚が必要であることを力説している。

然らば現下の不況時代に街頭に漲《みなぎ》る失業者の要求を充すに足る事業を起し得るであろうか。失業者が加速度に増加しつつある現代に於てそれは否定せざるを得ない。だからと云って朝野の人々国民の多くが無関心に傍観してか(可)なりとすべきか、当局に当るものが先ず此問題に無関心に対する真偽を把握して一層熱意を持ち、例えば官業整理の遂行、政府公共団体の共同事業、季節的労働の調節、職業紹介所の活動等に依り失業者を応急的に救済する方法もある。何にしても失業問題の実質的救済等はむずかしい、それは理論や思付の発表では片づかない、実際に依ってのみ幾分の効果があるだけである。失業者がますます激増し彼等が彼等の要求と抗議とを自発的に噴

昭和10年代の岩の坂風景（「懐しの昭和時代」1972）

湧させる日を待って驚愕するのでは怠慢に過ぎる。

貫具はこのように論じた後、窮状を打破するためにはまず救護法の実施が急務であると結論する。警察の中堅幹部がこれほどの危機感を表明したことは、よくよくのこととしなければなるまい。前章でも述べたように、救護法は大正末期以来の経済不況を背景に、方面委員をはじめ社会事業家の強い要望により議会の審議にかけられ、昭和四年（一九二九）二月にかろうじて制定を見た法律だが、もともと貧困原因が社会の矛盾より生じたという自覚のない政府は、法案の中身を骨抜きにした上、予算がないという理由で実施を先送りにしていた。

岩の坂事件に見た限りでも、発生後一年、これらの施策はほとんど何一つ実施されなかった。当時、事件の回顧記事を掲載した雑誌は、もらい子の悪習が一向改まっていないばかりか、救済施策も見るべきものがないと指摘している。「如何に役所然たる投げやり状態のままにおかれているか。当局者の物忘れのよさを物語るのみである」（「嬰児殺しの惨劇を経て一年」「婦人サロン」前掲号）。まこと近代日本の貧困に対する無為無策は、構造的に生やさしいものではなかったといえる。

救護法が昭和七年一月、しぶしぶ実施されたについては、おそらく岩の坂事件も影響していることと思われる。初年度の財源は競馬益金から五十万円が支出されたが、対象を十三歳以下の幼者と六十五歳以上の老衰者および「不具廃疾、疾病、傷痍、其の他精神又は身体の障碍によって業務を行うに故障あるもの」「幼児哺育の母」などに限定し、「救恤の方法は被救恤者の居宅において行うことを原則とし」たため、生業維持など本当に必要な者に適用されず、あまつさえ冷害を原因とする財政の逼迫、満州事変による物価騰貴などによる支給額の目減りなどにより、効果はほとんどゼロに等しいものでしかなかったのである。

罰せられたのは一人だけ

しかし、岩の坂事件の最も奇怪な部分は、じつは別のところにある。それは、犯人の処罰がおどろくほど軽かったという一事である。事件後九ヵ月ほどを経た昭和六年一月二十二日付の「東京朝日新聞」には、前日に東京地裁で公判が開かれ、被害者の村井幸子が証人として出廷、自分の子を犬猫のように簡単にくれてしまった事情を縷々陳述した。被告人キクは「この外三人の子供をもらったが、皆身体が弱く育たなかった」という主張を繰り返したが、検事は岩の坂地区にもらい子周旋を職業としている者がいて、住民は養育費つきのもらい子をすることを競争しているのが実状であるとし、「もらい子をかく殺（格殺）しながら、殺したという意識さえない彼等を覚せいさすためには、重く処刑すべきである」として、七年を求刑したとある。これが最初にして最後の公判で、ちょうど一週間後には小川キクに懲役七年の刑を言い渡されたことが、そっけないベタ記事で報道されている。他の容疑者については、何もふれていない。事件発生時の扇情的な四段抜き見出し付きとは格段の相違で、竜頭蛇尾とはこのことだろう。当時の法曹界で権威紙として知られた「法律新聞」も二月五日号の雑報欄で形式的に数行報じたきりで、その後判例として用いられた形跡もない。

そこで気がつくのは、この事件の結末を問題にした文献が皆無という奇怪な事実である。近代の主要犯罪を網羅した『明治・大正・昭和 事件・犯罪大事典』（東京法経学院出版、一九八六）の中でこの事件を紹介した加太こうじも「結末がはっきりしない」というコメントを付している。要するにこれほどの大事件にもかかわらず、一人だけしか罰せられた形跡がないというのは腑に落ちないということだろう。

まず判決の妥当性について考えてみると、キク以上に悪質なものを感じさせるのは周旋人の福田はつである。家には五人の子もあり、六人のもらい子をしたことを素直に自供したとして一時釈放されたが、事件のほとぼりも冷めない四月十七日に、その五人目の生後二ヵ月になる嬰児（私生児と称していた）が突然栄養失調で死亡したとして、同地区の済生会診療所に出向き、診断書を要求した。担当の女医が断ると居丈高になり、猛烈なタンカを切る始末に、女医はやむなく診断書を渡した。連絡を受けた警察が調べてみると、死児は腹部が腐り、手足が骨だけになっていた。追及すると、この嬰児は前年の秋に「浦和のごみ屋」と称する男から、養育費三十円つきでもらったこと、この件をふくめて六人の嬰児を餓死させたことを自供した。

これらの自供が事実ならば、キクの懲役七年に対してはつはそれ以上の刑に該当するはずだが、現実には釈放されている。そこには何らかの事情があると見なければならない。

理由はいくつか考えられる。第一は犯罪の法的立証の困難性である。一般に嬰児殺人の立証はむずかしいとされる。直接手をくだしたという証拠でもあれば別だが、栄養失調という間接的な方法では「身体が弱くて育たなかった」「殺す気はなかった」といわれればそれまでである。戦後間もないころの寿産院事件においても犯人は栄養失調という手段を用いたので、八十五人も殺しながら懲役八年にしかならなかった。「わたしは誠心誠意やってきた。もう少し母乳を飲ませてからでないと死ぬと断っても、ムリに預けていってしまう。死ぬのは当然だ」というのが犯人のいい分だった。

要するに、最初から殺害する気でもらい子をしたということを、明確に立証することはむずかしい。子沢山の極貧者が、それ以上に養子を増やすようなことがあれば不自然とされても仕方がないが、一般に育てた子どもに稼がせること自体は、当時の感覚として当たり前のことであった。乞食をするさい、同情をひくために伴うということは、一般社会の道徳観念からすれば非難すべきだが、極貧者にとっては悲しいながらも一つの方便にすぎなかったといえる。それを非難することができないという現実が、戦前の貧しい日本には存在したのである。

二重の闇に葬られる

しかし、岩の坂事件の場合、これだけではキク以外の全員無罪を説明することができない。そこに法的な被害者の問題が伏在するような気がする。もらい子殺しの法的被害者は、当の嬰児ではなく、その親である。ところが、肝心の親の所在は不明であるか、その事実を隠したいと思っているのが普通ではあるまいか。当時の新聞や雑誌の報道によると、府下調布町の女教師が父親の不明の子を小川キクに託し、召喚と知るや行方不明となった。埼玉県の某小学校の校長と女教師との間に生まれた不義の子もあった。また政治家と女高師の教諭との間に生まれ、二百円の養育費をつけて出されたケースもある。この子の場合は、六人の周旋人の手を経るうちにわずか十七円になってしまい、あげくの果てに殺された。

そのほか、某資産家令嬢とその老書生（五十三歳）の組み合わせもある。概して未婚女性や夫を亡くした女性が多く、「上流階級の人妻」や「令嬢」などはザラだったという。娘の親が「旅行していたとばかり思っていたが、子どもを産んでいたとは。それは事実でございましょうか？」などと、係官に詰め寄る場面もあったそうな。いつの時代にも、このような性風俗の裏面はつきものだが、大正後期ごろからの個我の解放、震災後のエロ・グロ・ナンセンスの風潮が明治の旧道徳を一挙に破壊し、この種の現象を助長したということは争えまい。

以上のいくつかの例から推察するに、この事件の「被害者」として、社会的地位の高い、有力者の子弟が関わっていなかったとは断言できない。そのような者が証人として法廷にノコノコ出てくるだろうか。

第三の、そして最も大きな原因と思われるのは、救護法実施をめぐる一連の政治的な動きである。前述のとおり、救護法はこの時期における緊急な政治課題で、議会では国民同志会の武藤山治をはじめとする野党議員たちが、予算不足を理由に実施をしぶる民政党内閣を激しく攻撃していた。さらに福祉の現場では早期実施を要請する方面委員の抗議自殺、それを受けての上奏など、大きな波紋を呼んでいた。労働運動の激化、無産政党の台頭、右翼団体の急速な増加など不穏な情勢を背景にして、それぞれの関係者の危機意識は相当なものがあった。

いまとなっては確証を求め難いが、そもそも事件の発端となった医師の通報からしておかしいものが感じられはしないだろうか。もらい子殺しが地域の常習なら、永井医師はなぜ小川キクの場合に限って警察に通報したのだろうか。殺害方法があまりに残酷で見え透いていたというのかもしれないが、通報に応じて板橋署が待っていたといわんばかりに捜査員を多数派遣させたことも、異常というほかはあるまい。やはり、これは医師との間にあらかじめ「今度怪しい事例が出たら、間髪をいれずに連絡せよ」というような打ち合わせができていたのではあるまいか。そういえば事件後、即日といってもよい素早さで警察の調査官や東京市の福祉関係者が現地を訪れ、またたく間に施策を打ち出したということも、従来の常識では考えられないことだ。時節柄、神経質になっていたということかも知れないが、現場の関係者の中には貫具警部のように、この事件と救護法実施の要請を直接結びつける向きも少なくなかった。

つまり、この事件全体に一種の意図——はっきりいってフレームアップ性を感じるということである。岩の坂にまったくそのような事実がなかったとまではいいきれないが、少なくとも新聞が当初報じたような地域ぐるみの犯行ということはなかったと考えるべきであろう。たとえ当時そのような「風潮」があったとしても、それは岩の坂に限ったことではあるまい。いや、戦後の寿産院事件に徴しても、ある時期の日本社会に痼疾として存在した病理現象なのである。岩の坂ばかりが狙い撃ちをされる理由はない。

それよりも事件当時、議会においてまったく行方のわからなかった救護法が、その直後に時期を早めて実施されるよう議決されたということに、事件との深い関連性を感ぜずにはいられないのである。ここには何らかの「取引」があったのではないだろうか。さもなければ警察活動がある時点から急に腰くだけとなり、一罰百戒の方針に変わったように思われること、当初「殺人鬼村」などという見出しで読者を煽っていた新聞が、いつの間にやらトーンダウンし、起訴されたのがたった一人だけという事実にさえ疑問を呈することのなかった理由が説明できない。

救護法の実施は昭和七年一月である。だが、前述のように、対象も限定され、生業維持など本当に必要な者に適用されず、東京市だけで最大一万九千人（昭和十年度上半期の統計）しか対象にならなかった。あまつさえ冷害による財政の逼迫、満州事変後の物価騰貴などによる支給額の目減りなどにより、その効果は期待からほど遠いものでしかなかった。とするならば、多くの無辜の嬰児たちは二重の闇に葬られたことになる。すでに見たように、彼らをこの世に産みつけた親の多くは近代を支配した階層に属した。哀れな嬰児たちは、その階層の破綻したモラルの犠牲者として出現し、最終的には近代から追いつめられた階層の生活者的なアノミーによって葬られたのである。両者をつなぐトンネルからは、ただ子どもの悲鳴のみが聞こえてくる。

この忌まわしい事件から私たちは何を知ることができるのだろうか。川俣初太郎は、土中の泣き声を消すために、狂ったように土を踏み固めようとした。その泣き声は、いまでも暗渠の中に残響のようにこだましているのである。

娼婦脱出記

七十六人に一人が娼婦

東京都台東区の三ノ輪から南下する国際通りと、東へ向かう明治通りとのちょうど中間に、東南へと走る一本の道路がある。通称を馬道通りというこの十二メートル幅の道路は、明治大正時代には日本堤といわれる土手をなしており、逆方向の浅草辺から新吉原への通い路の一つだった。

現在この道を三ノ輪方面から六百メートルほど行くと、右手の信用金庫とガソリンスタンドに挟まれた信号に「吉原大門」の標識が見える。そこを右折して、スタンド脇にある何代目かの見返り柳を横目に見ながら、曲がりくねった道に入る。往昔「五十間道」と呼ばれた大門へのアプローチであるが、いまや一葉の『たけくらべ』の冒頭にうたわれた大門もお歯ぐろ溝もまったく跡をとどめず、閑散とした通り（元仲之町通り）を歩くにつれて、目に入るのは俗悪な外観のソープランドと、平日の午前中だというのに「いかがですか、今日は初見世がありますよ」などと、しつこく付きまとう客引き連中ばかり。それらを振り切って、商店や事務所、マンションなどの混在する平凡な下町風景の中を行くこと数分、ひょっこり都立台東病院の前に出る。つまり、そこはもうかつての新吉原のはずれで、そのかみ娼妓検査所のあった場所と知るのである。

四方を掘割に囲まれた南北約百五十間（二百七十メートル）、東西約二百間（三百六十メートル）の整然とした区画は、いまでも地図の上で容易に見分けることができるものの、この町は戦後売春防止法が施行されていらい三十有余年の間に、根本的な変貌を余儀なくされた。いまなお特飲街の名残りをわずかにとどめているとはいえ、本質的部分は急速に歴史の彼方に埋没しようとしている。それは物理的な時間の推移によるのではなく、ましてや高邁なる人道主義の影響によるものでもない。ひたすら高度成長の恩恵の一つといってよいであろう。ほんの数十年前の悲惨、すなわち生活の手段を失った女性に、女工か女郎か――要するに身売り以外の方策が残されていなかったという状況は、いまや全くの他人事になってしまっているようだ。

大正末期から昭和初期にかけて、全国の公娼の数は約五万人であるが、このほかにも全国で約十一万人を超える酌婦の過半数が売春を行なっていたとされる。地方によっては酌婦を甲乙に区別し、甲種は売春を行なわない者、乙種は実質的な売春婦とみなしていたが、その境界は限りなく不透明だった。したがって乙種の実数についても明確な統計が得られないが、当時のある考察では、「酌婦の中で職業的に笑いを売る乙種酌婦と、其れから甲種的酌婦若くは東京のような、酌婦で客の容子を眺めコレならばと帯を解きそうして職業的に笑いを売るものは五万人、臨機的のもの二万人合わせて七万人は売笑に関係あるものと見るべきである」（草間八十雄『灯の女闇の女』一九三七）という計算がある。この酌婦という概念の中には、当時流行のカフェーの「女給」や玉の井などの私娼が含まれているが、別項でも述べる内務省の私娼調査なども勘案すると、ざっと十万人は見ておくべきではないだろうか。

このほかに芸妓の大多数を売春婦そのものと見る意見（山室軍平）にも根拠があるが、いちおうそれを省いても前述の数だけで合計十五万人。当時の女性の人口約三千万のうち、十五歳から三十五歳までの若い世代は約千百四十万人であるから、彼女らの年齢においては控え目に見ても七十六人に一人は売春に従っていたことになる。職種はまるで異なるが、そのころ約百六十万人といわれた紡績女工（『女工哀史』序文）が、同じ世代の女性に占める率を見ると、約七人に一人ということになる。いかに女性の職種が限定されていたか、「女工か女郎か」といわれた背景も、あるいは逆に「事務員」や「バスガール」といった職種がいかに新鮮な響きをもって女性を惹きつけたかということもよくわかるであろう。

――大正十三年（一九二四）の師走、群馬県高崎市に育った十九歳の女性が周旋人に案内されて新吉原の門をくぐった。森光子というこの女性は、その後の約一年間、娼妓として辛酸をなめ、ついに死を賭しての脱出に成功、翌十四年に『光明に芽ぐむ日』という告発の手記を出版した。学歴はせいぜい高小卒程度と思われるが、啄木詩集を片手に鳥川のほとりを逍遥するという文学少女で、当時の娼妓の過半数がまったくの無学歴か小学校中退のため、手紙一通満足に書けなかったという状況から見れば例外的な存在というべく、そのためにこの手記は他人の手が一切入らない娼妓自身の生の記録として、すさまじい迫力を備えることになったのである。

彼女が売られた先は新吉原の北側、江戸町一丁目のはずれにあった長金花楼《ちょうきんかろう》という中店で、娼妓を十三人ほど置いていた。付近の大文字楼や彦多楼のような大籬《おおまがき》と比較すれば格式は下がるが、それでも当時の新吉原二百七十数軒の妓楼中では一等の料金を取り、一ヵ月の総売上が四、五千円にのぼるという店であった。

兵児帯に金鎖、指に毒々しい印材の指輪をはめた楼主は「一生懸命に働いてください」といって豪傑笑いをした。あとでわかったことだが、この主人は大震災で柱の下敷きになったとき、金庫にしがみつきながら、駆けつけた仕事師が崩れた壁の下で唸っている娼妓を助けだそうとするのを「そんなものはどうでもいいから俺を早く助けてくれ。女なんか

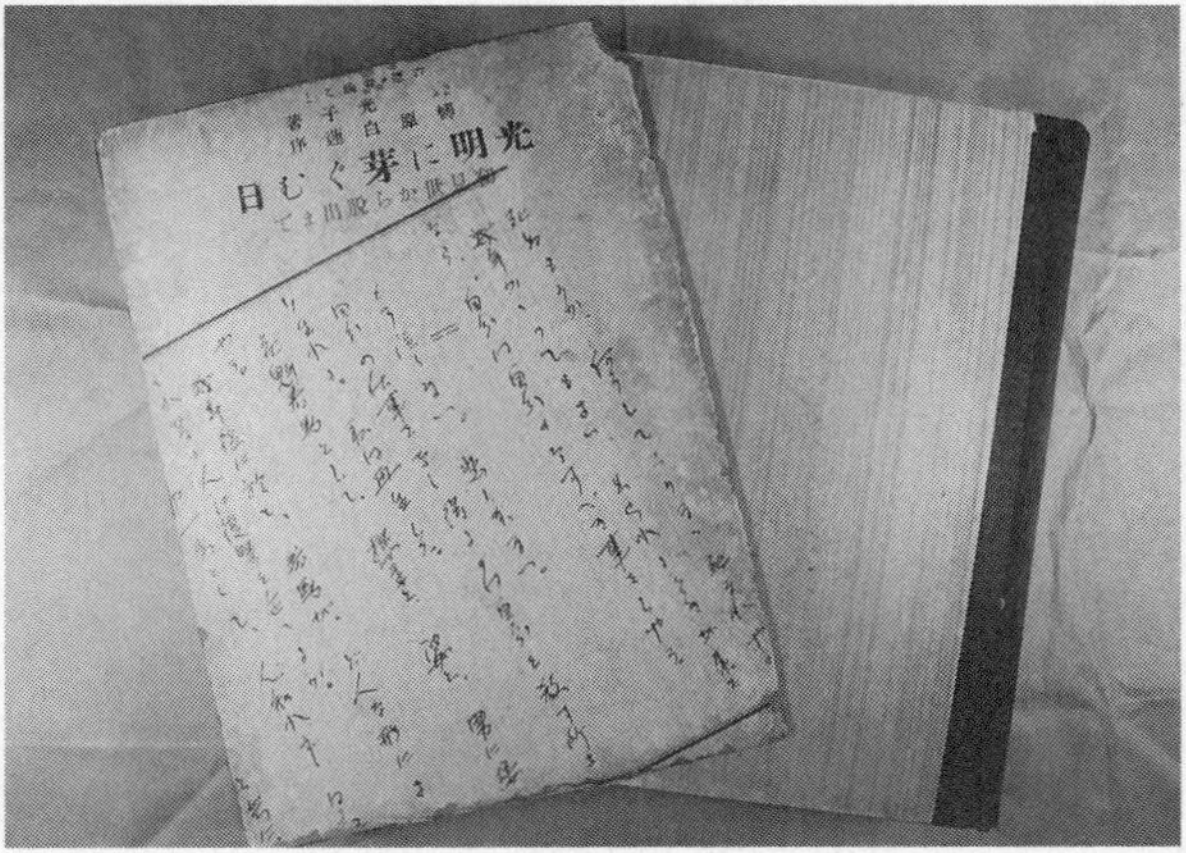

森光子『光明に芽ぐむ日』(1926)

少し損をすればいいんだから」と叫んだというほどの人非人。光子の運命はきまったようなものだった。

彼女の実家は明らかではないが、たぶん商家であろう。そのころの公娼の前歴は約半数が酌婦や芸妓であり、直接に商・農家から出た者は約三割程度にすぎなかった。しかも当時の一般家庭の子女は世間的な情報に疎いのが常であったので、光子にしても歯痒いほど娼妓というものについての具体的な認識を欠いていた。それだけに周旋人のいう「怖いことなんかちっともありませんよ。お客は幾人も相手にするけれど、騒いで酒のお酌でもしていればそれでよいのだから」とか「そりゃ男だもの性慾が起るのはあたり前だ、その時女がうまく、それを断るようにするのだ」といった甘言に手もなく丸めこまれてしまったばかりか、むしろ不安をまぎらすために必死にしがみつこうとしたのである。

要するに初心《うぶ》そのものであるから、遣手婆《やりてばばあ》に案内されて廻し部屋や引付、風呂場などの使い方を説明されても意味がよくわからない。「妾《わたし》は便所へ連れて来て何をするのかと思ったら、おばさんは、（一行伏字）それが何の為に洗うのかわからなかった。今度は風呂場の方へ連れて行って『（一行半伏字）』と云った。けれど、今迄勿論見た事も聞いた事もなかったし、また何の為に洗うのか分らなかったので、洗わずに来てしまった」。
二、三日後、戸籍謄本を持って吉原署へ娼妓の登録にいくが、周囲の好奇の目があるというのに係官から「お前はどうして借金を返すのだ。一つそこでやって見ろ。一人でやれなければ俺が手伝ってやる」などと怒鳴られ、やっとの思いで手続きをすませた。警察が娼婦を単なる取締りの対象としか見ていないばかりか、楼主の味方であることが、やがてはっきりしてくる。

ついで吉原病院で検査を受ける。「妾は台へのぼれと云われたけれど、どうのってよいのか、又きまりが悪いのとでまごまごしていた。先生に、『これから商売をするのにそんな事では駄目だぞ』と云われた。顔から火が出るような、いやな思いをしてやっと見ていただいた。警察ではあんな事を云うし、病院でもこんな事を云っている。そんな事を考え合わすとどうも変だ。男に接する事は商売だ、と自分でも分かっているが、もしかしたら……」。

間もなく彼女は楼主から春駒という源氏名をもらい、「光子としての最後の涙」を流す――。

徹底した搾取のシステム

いよいよ初見世の当日。彼女は窮屈な花魁の衣装を身にまとって張店に出る。どうか客がこないようにと祈る甲斐もなく、花魁部屋へ呼び出される。刑場へ引き出される囚人のように放心して客の前に座った彼女は、耐えきれずに泣き出してしまうが、その客から「決して悪い事はしないから安心しなさい。だが、そう泣いてばかりいたって仕方がないじゃないか。もう金は借りているし、帰れはしない。帰れば警察に訴えられて、監獄へ入れられるし、死ねば、その金は又お母さんの方へかかって、もっと酷い目に会うから、早まったことはできませんよ」などとお為ごかしに慰められ、安心したところを襲われてしまう。

彼女は一週間苦しみ抜き、何度も遺書をしたためたが、同時に自分を欺いた周旋人や楼主、操を奪った男に対する憎しみが猛然と湧き上がってくるのを覚え、どんなに苦しくとも生き抜くことによって、彼らに復讐しようと決意した。

もう泣くまい。悲しむまい。
自分の仕事をなし得るのは自分を殺す所より生まれる。妾は再生した。
花魁春駒として、楼主と、婆と、男に接しよう。
幾年後に於て、春駒が、どんな形によってそれ等の人に復讐を企てるか。
復讐の第一歩として、人知れず日記を書かう。
それは今の慰めの唯一であると共に、又彼等への復讐の宣言である。

妾の友の、師の、神の、日記よ！
妾はあなたと清く高き生きよう！

極限状況のなかで、日記をつけることのみが自己の人間性を保つ道であることを、彼女は発見した。このようにいえば型通りになってしまうが、プライバシーに乏しい環境下で、しかも文章を書くという行為の困難性は想像以上のものがあったろう。第一、このような復讐の決意などを盗み読みされたら最後、生命の危険さえ覚悟しなければなるまい。実のところ、この日記には後から補ったと思われる個所も多く、同一のエピソードが重複している部分も見られるのだが、全体にきわめて臨場感に富んでいる。おそらく毎日朋輩の眼を盗んで小さな紙片などに書きとめておいたメモを、脱出後に整理しなおしたのではないかと推測される。

このように決死の思いでつけられた日記の中で、最も頻繁に出てくるのは搾取システムの実態である。もともと彼女は三百円の借金で首が回らない実家を救おうと、千三百五十円で身を売ったのであるが、十分余裕ができると期待したのも束の間、周旋人に二百五十円も取られ、さらに借金を返してしまうと、家には差引八百円しか入らなかった。それでも六年の年季の間に千三百五十円を返済するのは比較的容易に思えたが、朋輩の多くが長年月つとめながら一向に足を洗うことができない様子をみて、不審の念をいだいた。

その謎はすぐに判明した。客から十円の収入があれば、じつに七割五分を楼主に取られてしまい、二割五分だけが玉割《たまわり》と称して娼妓の取り分となる。しかも、その中の一割五分が借金返済のため天引されてしまうので、娼妓は残りのわずか一割だけで生活しなければならないという仕組みなのである。彼女の稼ぎ高は月に三百円程度のことが多かったので、手元に残るのは三十円程度にすぎなかった。これに対して呉服代から化粧品代、洗濯代、電話代、客用の茶菓代、さては湯銭や病気のさいの治療費にいたるまで、諸掛一切が娼妓の負担となっており、これが月に四十円をくだらないので、いきおい楼主から追借《ついしゃく》をせざるを得ない。

問題がこれだけではないことを、彼女は正月になってから知った。正月の三が日、七草、および十五、六日は「しまい日」と称し、客に「しまい玉」（または玉ぬき）という特別料金を請求するように仕向ける。揚代金は一時間二円、全夜（オールナイト）十二円を取ったが、「しまい日」には客に全夜の玉を倍の二十四円請求し、そのうえ遣手婆にも普段より多くの祝儀（五円）を出させる。無論、かなりの馴染み客でない限り応じるわけもないが、しまい玉が取れない娼妓に対しては一日二円の罰金が科せられるので、売れっ子以外は戦々兢々とならざるをえない。そのような客のない者は花魁の恥とされるからでもある。

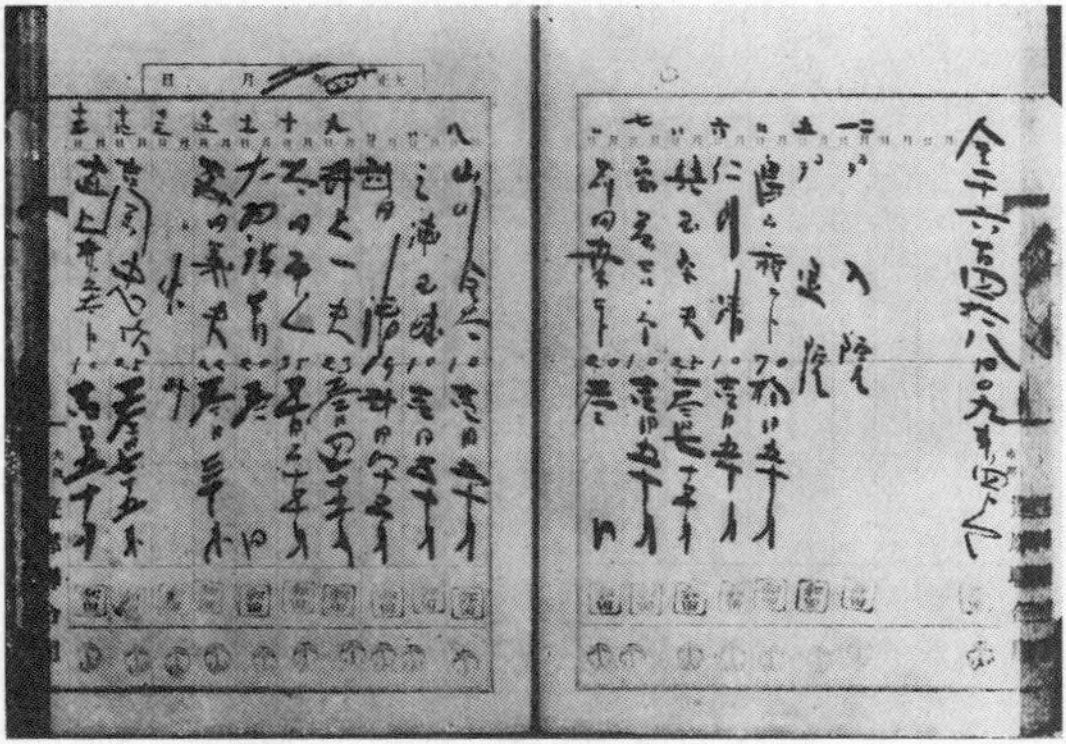

楼主が記していた娼妓の稼ぎ明細書

しまい日は正月ばかりでなく、三月三日、五月五日にも適用される。そのほかに「移り替」といって六月と十月の衣替えにも同様の〝行事〟がある。とにかく、あらゆる機会をとらえて搾り取る仕組みだが、不器用な彼女にはどうしても玉ぬきができない。最初の月だけで十円の罰金をとられ、主人から「いくら初見世でも、一人位玉ぬきが出来そうなものだ。もういく日になるんだ」と小言をいわれる。チップで生計を立てている遣手からも、いやがらせをされるようになる。

新吉原以外の公娼地帯では一層ひどい状況が見られた。廃娼運動に活躍した救世軍の伊藤秀吉（一八八六〜一九六六）は、当時揚代金の相場であった二円の分配方法につき各地の実状を調査した上で、「一人の客に対する売淫料、操を蹂躙して得る処の実収入は、吉原に於て二十銭、千住九銭、板橋十二銭、品川八銭、洲崎十五銭、新宿十銭であるとは、何たる悲惨であろうか、女の魂ともいうべき操を鬻《ひさ》いで、洋菓子一箇を与えられるに過ぎぬとは何と驚くべき事実であろうか。斯くの如くして、前借金が返される筈はない。鼻紙一帖の値を貞操の代償として生活しては、追借々々となって、借金が嵩むばかりである」（『紅灯下の彼女の生活』一九三一）と、大時代な表現ながら搾取の本質を喝破している。彼が廃業させた娼妓八十五人について調査したところ、廓にいる間に前借が減ったのは三十五人（四一パーセント）にすぎず、他の五十人についてはむしろ増える一方で、前借金の平均現在高二百九十四円を完済するには、なんと二百九十ヵ月（二十四年二ヵ月）も要することがわかった。文字通りの泥沼である。

悪臭を放つベッドに寝たきり

貸座敷業というのは、鼻血一滴でも余分なものは出さないという徹底したコスト意識という点で、経営の模範ともいえる。吉原の太夫だった義祖母を回想した斎藤真一の『絵草紙吉原炎上』（一九八五）によれば、明治二十年（一八八七）、瀬戸内から周旋人に連れられて中米楼という中店に身売りされた女性は、付き添ってきた母親がゆっくり浅草見物をさせてもらえたのでよろこんだが、いざ契約書を見ると、なんと「二十三日間の食事費及諸立替金、旅費」金五十円が三百円の身売金から、ちゃっかり差引かれているのを知る。その上に周旋人への謝礼や見付金（衣装代ほか身辺を整えるための費用）などを引かれると、親にはわずか百二十円しか渡らなかったことを知り、つくづくこの稼業の惨めさを感じたという。

いっそ見事ともいうべきコスト意識だが、それは娼妓をまったく人間扱いしないことによって成り立っていた。このことが最も端的に表れているのが、病気になった娼妓への態度である。性病や結核にかかった娼妓は、利益を生まないという意味で単なるスクラップでしかないために、治療費を出さずに放置することも稀ではなかった。

光子の日記に頻出するのは、吉原病院における検査日の憂鬱である。「検黴」そのものが、いかにスレっからしの娼妓でも嫌悪感をいだかざるを得ないものである上に、万一入院ということにでもなれば、暗く不潔な病室に、しかも一つベッドに患者二人で寝なければならず、食事といえば南京米に塩水のように薄い味噌汁といったひどいもので我慢しなければならないので、検査当日には縁起をかついだ娼妓が厄除けの呪《まじな》いに護符を呑むなどの大騒ぎを演じたという。

彼女も初見世から二ヵ月後、ついに淋病にかかるが、遣手から「あんた来たばかりだし、未だ初見世で、今うんと働かなくっちゃ困るんですから、少し位痛くても我慢しなさい」といわれる。楼も地獄、病院も地獄ということで途方にくれるほかはなかったが、結局、男に苦しめられるよりはましだと思って入院した。すでに三十人ほどの入院患者がいたというが、同じころ和田芳子という娼妓によって書かれた『遊女日記』(一九二五)によると、多いときには百二、三十人、少ないときで三十人、平均九十人ぐらいとある。多いときには一日に二十人ぐらいの新規入院者があったようだ。

昭和四年(一九二九)内務省の統計によると、全国における娼妓約二百八十四万人中の性病患者は約五万二千人(一・八パーセント)、うち東京は二・五七パーセントで最も多い部類に属した。この割合からいえば吉原女郎約二千人（当時）のうち、常時五十人ぐらいの罹病者がいてもおかしくないわけだが、じつはこの統計自体アテにならないことは、楼主や娼妓たちがさまざまなトリックを用いて入院を免れようとしていたことからもわかる。そのころ吉原病院で働いていた滝原和子という看護婦の告発によると、院長は定期検診のさい一日平均二百数十人分の標本を、わずか一時間で片付けようとしていた。そのコツ（?）は顕微鏡を覗かず、カルテばかり見て「おおよしよし、これは（淋菌が）無い、いやッ一寸待って」という具合に入院をきめる。楼主が賄賂を持ってきたかどうかを確認しているのである。

娼妓自身も入院すれば借金が増えるので、廓内で開業している医師に頼みこんで、検査前に洗浄してもらったり、傷に色素を塗ってもらったりして、一時的に検査医の眼を逃れる。もっと驚くべきは検査の前日、看護婦に頼みこんで「検査済」の札を内緒でもらっておき、翌日あぶないと思ったら、それを提出して逃げてしまうという手口である。これには看護婦も抵抗を覚えたが、娼妓から「今日は国元から親が来ているから、どうしても入院されぬ。助けると思って」とか「今少しで年明になる所だから、入院して延びては堪らない。お慈悲に見逃して」などといわれると妥協せざるを得なかった。娼妓の書入れ時である盆と正月には、この種の不正が横行し、また病院側も〝協力〟するため、入院者は激減するのが常だったという。この暴露を行なった看護婦は吉原病院を追われたというが、同じような問題は他県にも共通していたということで、当時有力だった「公娼制度が性病の蔓延を防ぐ」という議論がいかに空しいものであったかを窺わせる。

それはともかく、よこねなどで手術された患者は外科室に寝かされたきり、食事には南京米のおかゆに梅干し、それに「支那玉子」（ピータン）が一つつくだけ。回復が長びくにつれて楼の態度も冷たくなるのが普通で、ちり紙一枚にも不自由しながら悪臭を放つ寝台にボロ布のように寝かされている娼妓のなれの果てを目にするとき、光子は廓社会の非人間性に慄然とするのだった。

花魁の中には随分可哀さうなものもある。紙や脱脂綿さへも不自由してゐる人が沢山ゐる。余り長く入院してゐるので主人から小遣も与へられない者もゐる。そんな時にはをばさん（付添婦）に遣れない。するとをばさんは、その花魁に対して随分ひどい態度をとる。廊下で会つても突慳貪に、物を云つたり、なんでもない事を糞味噌に叱り飛ばしたり、何時まで経つてもその人の夜具の襟だけは取りかへないとかして意地悪する。……又客や朋輩から来た手紙でも三日も四日もその花魁に渡さないで、客などから催促されて始めてお婆さんに聞いて見ると、しらばつくれて文句を云ひながら出してやる。

遣手婆の感覚そのものだが、事実娼妓出身の付添婦も多かった。ある検査病院では院長がこの種の職務を片手間にしか扱っていないのをよいことに、付添婦が実質的に入退院の権限をにぎり、治癒していない患者をも退院させていたという事例さえある。

いうまでもないことだが、当時はペニシリンどころかサルファ剤さえまだ発見されていなかったので、性病の予防率、完癒率ともにお話にならないほど低いものだった。たとえば昭和三年（一九二八）内務省が出した「花柳病予防法施行に関する件依命通牒《いめいつうちょう》」によれば、「相手方（客）に於て『サック』の使用を肯ぜざる場合に於て」予防剤の使用を必ず勧めるよう努力せよといい、局部の外面と尿道口内に青酸酸化昇汞製剤（海軍式処方）、青酸酸化汞及青酸銀製剤（陸軍式処方）、甘汞膏などを塗布したり、「直後の放尿と洗滌」を推奨していた。ちなみに陸軍式処方の内容は澱粉、グリセリン、石鹼汞、青汞、水、香料（ローズ油）など、要するに水銀だけが有効成分という頼りないものでしかなかった。「検黴医は娼妓の花柳病が二パーセントの一・八パーセントのというけれども、それは全くの嘘の皮で、血清学的試験に拠れば百パーセント請合である」という伊藤秀吉の言には、強いリアリティーがある。

さいわい光子の場合は早期治療のおかげでなんとか治癒にこぎつけたが、帰楼してホッとする間もなく遣手から「早く部屋掃除して休みなさいよ。兎に角少しでも入院して来たのですから、その積りでせい出して働いて下さい」などといわれ、呆然となる。「客の事を思うと、見ぶるいがする。又今夜から男に苦しめられなければならない」——。

剃刀を踏ませる拷問

半年が経過する。ある寝苦しい晩、朋輩が集まって幽霊が出るという話になる。廓につきものの、虐待されて楼主を恨みながら死んでいった遊女の話だが、中でも力弥という女郎のエピソードが悲惨である。梅毒に冒された身体で、必死に痛みをこらえて店に出ていたが、ついに倒れてしまった。「病院に入れてください」と楼主に哀願するが、「そんなに我儘ばかり云ったって病気は癒りゃしない」などと拒否されたうえ、ろくに粥さえ与えられない始末に、彼女は看病してくれる同輩に対し「姉さん妾、死んでもあの親爺はあの儘ではおかないわ。死んだって付きまとってやるから、呪《の》祈《い》ってやるから」とまでいうようになった。さすがに楼主も世間体を考えて病院へかつぎこんだが、その晩に死んでしまったというのである。

救世軍の刊行していた「廓清《かくせい》」という雑誌によると、彼らが昭和五年（一九三〇）に救出した娼妓七十五人のうち、健康な者はわずか四人にすぎず、他の者は軟性下疳、肺尖カタル、神経痛、重症脚気、肋膜炎、卵巣炎、子宮内膜炎、子宮頸管カタル、トラホーム、モルヒネ中毒、心臓病、喘息、腎臓炎などをわずらっていた。とくに多かったのが子宮内膜炎と肺尖カタルである。

個々の実例でひどいのは、梅毒で脱毛した娼婦に鬘《かつら》をかぶせて客を取らせていたり、同じく梅毒で歯がぬけてしまった女郎に対し「医者になぞかかったって駄目だ、それより不動様を一生懸命に念願すると、黴毒なぞは癒ってしまう」などといって、なおも客を取らせていた例である。この女郎は隙を見て逃げだしたが、楼主の雇った無頼漢に連れ戻されてしまい、三方ガラスの部屋に閉じ込められて監視される身になってしまった。その上なおもしつこく客を取るように要求されたが、頑として応じなかったところ、三度の食事も与えられなくなり、はては殴る蹴るの暴行を加えるので、再び逃げだして救世軍に駆け込んだという。

このほか、妊娠して子供が生まれると、産婆の手から名も知れぬ第三者に百円という養育料をつけてくれてしまったり、その母親をたった十日ほどしか休ませないで、客を取らせていたという例もある。山室軍平の名著『社会廓清論』(一九一四)には、楼主に二階から蹴落とされて死亡した娼妓の話がでてくるが、どのようないきさつがあったのか、明らかでない。最も残酷なのは、客がつかないという理由で毎日のように折檻されていたある娼妓が、ソコヒで眼が見えないと嘘をついたところ、剃刀の刃を刺した畳の上を歩かされたという例であろう。

(楼主は)「さア貴様の眼がほんとにソコヒかどうか、此処から向うへ歩いて見ろ」というた。ギラ〱した剃刀の光はそつと触れてさへ切れさうである。彼女は一目見てぞつとした。けれども仮病の彼女は、その磨ぎすまされた剃刀を踏むより外はなかつた。娼売は彼女にとつてそれよりも辛かつたのである。思ひ切つて彼女はその刃を踏んだ。途端にブツリといふ音と共にキャッと悲鳴を挙げて倒れた。鮮血は四方を彩つた。彼女は痛さに泣き叫んだ。けれども楼主はセヽラ笑つて番頭を呼び、楼主自身彼女の髪の毛がズタズタになる迄打擲したといふことである(伊藤秀吉、前掲書)。

長金花楼の主人については、このような残忍な行為は記録されていないが、震災のとき「女なんか捨てておいておれを助けろ」といったエピソードが示しているように、出入りの職人の間でも不人情なやつという定評があったようだ。地震で亡くなった娼妓の着物を新入の花魁に着せる、食事には腐った沢庵ばかり出す、油断していると貸金の計算を巧妙にごまかして、一銭でも余分に儲けようとする、といった調子で、光子の日記にはこのような楼主への強い憎しみがあふれている。

憎しみは当然ながら客にも向かっていく。この種の遊女日記の話題は、客と娼妓との虚々実々の駆引きということに集中しがちであるが、光子の場合はそこに批判の眼が感じられる。たとえば兵隊が昼間から特権のように安い料金でネバるのを目にして、彼女は一旦は軍人の窮屈な身分に同情しながら、つぎのように自問自答する。

然し、よく考へると、軍人だからと云つて、楼主は妾達を苦しめなくても良い。軍人は窮窟(屈)だらうけれど娼妓だつて窮窟では負けない。今軍人はあゝして遊びに来て居る。妾達に「遊び」の境遇があるかしら。楼主が若し軍人を特別に優遇したいなら、当り前の玉代を自分で出してもよいと思ふ。然し娼妓は夜の稼業で、昼間寝なければ、夜働けない。働けないばかりでなく、自分の身体がたまらない。妾達は身も心も疲れ切つてゐる。それを偲んでまで、軍人さんだからつて、優遇する必要はないと思ふ。楼主が玉代をそれだけ払つて呉れてもよいと思はれる。……「昼遊びは通だ」こんな事を云ふ男が随分あるらしいけれど、実は妾達の睡眠時間を奪ふ餓鬼なのだ。

娼妓が最も嫌うのは金離れのよくない客、しつこい客であるが、この日記にはしばしばインテリぶる客が登場する。たとえば野球と読書が好きだという客がいて、有島武郎の『或る女』を読んだというので「葉子に対する感想はどう？」と問いかけると「君『第二の接吻』を読んだかい」と話をそらしてしまった。この種の嘘は文学少女だけに許せないものに映じた。——「この男、朝日新聞を取っているらしい。話題を変えて済し込んだ所ったらありゃしない。もう一度『あなたの趣味は？』と聞き返してやろうか。『野球と読書だ……』誰も云いそうな事だこと」。

『女工哀史』を読んだという客から「娼妓なんて女工に比較すれば楽なもんだよ。仕事は楽だし、性慾に不自由はないし」という意味のことをいわれた彼女は、猛然と反発する。「妾等を御覧なさい。出られないのは牢屋と一寸も変りはありませんよ。鎖がついてないだけよ。一寸出るにも、看守人付で、本なんかも隠れて読むんですよ。親兄弟の命日でも休むことも出来ないで、どしどし客を取らされて、尊い人間性を麻痺さして、殺してしまう様なものじゃないの。……性慾に不自由ないなんて、まさか、蝮《まむし》や毛虫を対象に、性慾は満足できないでしょう。却って妾なんか女工の方が、羨しいと思っているのよ」。

これに対する男の反応たるや「君は、仲々の雄弁家だね。誰にそんな理屈を教わったたん

明治30年代の新吉原（「風俗画報」1908. 10）

だ」という冷たいものでしかなかった。「訳の解らない、野獣の様な男を、ウンとどやしつけてやりたい様な気がする」と彼女は総括する。

そうかと思えば、麻生久の『生きんとする群』を送ってよこした客がいる。その手紙に「これはきっと貴方に、何物かを与えるでしょう。僕も多大の感動を受けました。法学士が淫売婦を妻にする所なんか、殊に、考えさせられました」などとあった。これに対して彼女は事務的に感想を記す。「この忙しさでは見られそうもない。ゆうべは客を十一人取る」。

最も許し難いのは、格好いいことをいっておきながら平然と裏切る客であった。ある日再度「傷」ができたことを知った彼女は、生憎登楼した馴染み客を『床養生だから』と断わろうとするが、何もしないというので部屋に出た。「矢張り駄目。男は体裁のいい事を云って、誰でもそれで、満足に帰った事はない」。

その日はもう一人の馴染み客に同じ目に会わされ、翌日は翌日で検査医から「入院したいのなら、店に出たっていいよ」とおどかされた。夜になって遣手に客を断わるよう頼むと、まるで鬼のような顔つきで「お客の方で、承諾しているんだから、かまわないじゃないの。あんたは義理が固すぎるんですよ」などと文句をいう有様。必死に突っぱって、なんとか休むことはできたものの、この事件は彼女が自由廃業を決意する一つのきっかけとなった。

決死の脱出行

光子が娼妓になって間もなく、一人の朋輩が死亡した。それは彼女の心に「ある大きなもの」を残したが、みずから逃亡を考えるまでにはいたらなかった。数ヵ月後、馴染み客の一人から救世軍の廃娼運動について教えられたとき「希望を持つ事の出来たのは今日が初めてだ」と心の昂ぶりを記している。おそらく、このときから彼女は慎重に計画を練ったに相違ない。

公娼制度は実質的には人身売買だが、建前上は明治五年（一八七二）の娼妓解放令いらい、楼主と娼妓は単なる金銭上の契約関係のみということになった。しかし、これがかえって苦界から足を洗おうとする女性に対する足枷となったことは、早くから識者によって指摘されてきた。つまり、逃げて警察の保護を求めようとしても、借金を踏み倒すものとみなされて、楼主に引き渡されてしまう。無論、遊廓側でも普段から抜かりなく鼻薬をきかせているから、駆け込んだ娼妓は文字通り〝飛んで火に入る夏の虫〟となる。警察と廓の癒着ぶりは、昭和初期に洲崎遊廓の管轄署に勤務していた警部が、退職後ただちに洲崎三業組合の書記に就職したという一事をもってしても明白であろう。事実、警察はあらゆる面で楼主側に味方した。

娼妓になるためには所轄警察署の娼妓名簿に登録申請するのであるが、逆に廃業するには登録を抹消してもらえばよい。規則によれば、この抹消は娼妓の申請によってただちに実施されなければならないとしているが、実際には申請があると警察は貸借関係を調べるという名目で、必ず楼主に連絡してしまう。結果はいわずとも明らかであろう。楼主はヤクザを引き連れて乗り込んでくると、無力な娼妓を拉致してしまう。その上で半殺しの制裁を加え、他の遊廓へ売り飛ばす。

昭和五年(一九三〇)長野県飯田町の娼婦が遊廓から脱出し、同地に在住の外国人女性を保護者として所轄警察に登録抹消申請に赴いたところ、例によって署長が楼主に連絡してしまった。狡猾な楼主は「廃業させるから、いったん帰楼させてくれ。すぐに戻ってくるから」といって連れ帰り、そのままナシのつぶて。保護者が楼へ引渡しを要求すると「本人は廃業を思いとどまったのだから、もうお前には用はない」などと悪口雑言の限りをつくす始末。警察署長も「廃業取消しの申し出があったので、本署ではそれ以上は知らない」ととぼける。果して翌日、新聞にその娼妓の自殺を報じる記事が出て、署長は左遷された。

このような具合であるから、脱出するにはよほどしっかりした庇護者に頼らなければならない。光子が頼った先は、歌人の柳原白蓮（一八八五～一九六七）であった。どのようなことから彼女に連絡する気になったのか、日記には記されていない。おそらく新聞などで白蓮の勇敢な離婚問題や、社会運動家で弁護士の宮崎竜介との再婚を知って手紙を書いたのではなかろうか。それに対して白蓮は何らかの方法で自由廃業のアドバイスを行なったものと思われる。

日記の最後の部分は「脱出記」として、大正十四年の、おそらくは秋の一日、彼女がついに逃亡を決行するにいたった経緯を記している。それは再発した性病治療の最終日であった。この日を逃すと外出の口実がなくなる。

宵からの雨が少しやんだ。寝ている客を帰し、苦楽を共にした朋輩に心のなかで別れを告げると、彼女は下駄を突っかけて飛び出した。楼の北の裏口から出ようとしたが、いつもとちがって固く鍵がかかっているではないか。駄目だ、やっぱり自分はここで死ぬように運命づけられているのか……。いったんは絶望しかけるが、死を賭した行動であることを思い起こし、あちこち探し回ったあげく、やっと人の出入ができそうな個所を見つけることができた。

ところが、外へ出ると車夫が二、三人、こちらをじっと見つめているではないか。咄嗟の機転で、朋輩といっしょに医者へ行きたいので迎えにいってくれと頼む。車夫が訝しげに立去るや否や、彼女は袂から帯上げを取り出して伊達巻を隠し、電車道（馬道）へと駆け出した。生憎、電車は出たばかり。角の巡査がジロジロこちらを見ているようだ。うろたえそうな気持を、必死に瀬戸物屋の十銭均一の品に集中させようとする。

ようやく来た電車に飛び乗り、菊屋橋で降りる。さて上野行の電車の乗場がわからない。交番の巡査がこちらを見ている。引きこまれるように近寄って「上野行の電車は何処で乗るんでしょうか？」と訊ねると、丁寧に教えてはくれたが「君は何処から来たね。何処へ行く？」などと質問される。

駄目だ！　一時は気が遠くなりかけたが、意外にも落ち着いた声で「浅草田町から目白へ行きます」という答が口をついて出る。その巡査は、彼女が電車に乗ってからも、じっと見ていた。職掌柄、廓の女性ではないかと思ったのだろう。

上野から省線電車で新橋へ出、一度は逆方向の電車に乗ってしまうが、引き返して目白で降りた。駅から俥でと思ったが、あとで追手に喋られるかもしれないと、歩くことにした。当時白蓮は豊島区目白町三ノ三六五に住んでいたので、光子は駅から僅々三、四百メートルを歩いたに過ぎないようだが、その間に胸中の不安を示すようなどす黒い雨雲が空いっぱいにひろがる。白蓮にもし断わられたら、どうしよう……。一面識もない賤しい自分を受け入れてくれるだろうか。怖れが失望に変わりかけた。

ようやく探しあてた邸に「宮崎」の表札を見いだしたときの感動をもって、彼女の日記は終わっている。

お！

奥様！

お助け下さいませ！

自分は急に泣きだしてしまつてゐた。御邸を拝見したゞけで、感激の涙がとめどなく落ちてくる。

御許しも得ない先から、有難さに身をふるはした。

「御助け下さいまし！」妾の両手はいつか固く固くむすばれて拝んでゐた。

険悪な模様の空からは、大きな雨つぶが落ちて来た。

ちなみに、昭和の初期にあって自由廃業に成功した娼妓は全廃業者のわずか〇・五パーセントにすぎなかった。それは以上に述べたような制度上の欠陥によるものであるが、もう一つ当時の女性たちを束縛していた親孝行とか〝一家の犠牲〟に甘んじるといった意識にも関係がある。大正中期に大阪府が行なった調査によれば、娼妓になった動機の八八パーセントが家の困窮を救うためであった。身内の病いを救い、借財を返すためであり、兄弟の学費を捻出するためという例も少なくなかった。姉妹が身を売った金で兄弟が学校を出ることを、世間では当然とまではいわないにしても、一種の美談のように思っていたのである。

ところが娘を売る親の側では「色町で稼がせるのが出世で、こんな貧乏家にくすぶってヤレ操だの貞操だのと言った処で、年頃になれば同じ貧乏人の妻となり、其日を喰うや喰わずに送った処で何が仕合わせだ」(草間八十雄『灯の女闇の女』)というような、安易な感覚で娘を売り飛ばす。結果はせっかくの金を瞬く間に使い果し、娘に仕送りをせびるようにもなる。

光子も最初は健気にも自己犠牲の観念から、親に対するかすかな疑念を抑えつけようとし、それを日記に記すのさえ躊躇っている様子が窺えるが、やがて真相を直視するようになる。「妾は考えなければならない。又考えは母に行った。たとえ自分がどんなに困っても、又死ぬ程苦しくても、自分の可愛い子供を売って迄も……。自分は淋しくなる。人間が嫌やになる。孤独! 孤独! ああ、淋しい」。

じつは彼女が廓からの脱出を本当に決意したのは、金銭奴隷であるよりも理不尽な道徳意識の奴隷であることを自覚した、この瞬間だったのである。

いまは昔、玉の井の賑わい

東武鉄道浅草駅から伊勢崎線で三つ目の東向島駅で下車すると、右手に線路と水戸街道（国道6号線）にはさまれた約百四十平方キロメートルの住宅密集地域がある。現在墨田区東向島五丁目と地名改正をされたこの一帯が、戦前から戦後一時にかけて私娼窟として繁昌した玉の井（旧地番、寺島町七丁目周辺）である。

駅を出て百メートルほどのところ、玉の井商店街の一角にある派出所で、かつての特飲街のありかを問うと、昭和四十年代生まれと覚しき若い警官は一瞬キョトンとした表情になったが、やがて頼りなさそうな手つきで「この裏手にあったというけどねえ……」と路地の奥を指し示した。

迷路のように曲がりくねった狭い道路の両側には、住宅にまじって一軒おきぐらいにスナックや飲屋が点在しているが、地番を見るとそこは隣町の墨田三丁目との境で、往年の玉の井の周辺部にあたる地域らしい。正午を過ぎたばかりとあって周囲には人気もなく、ただおでん屋の屋台がチリンチリンというわびしい音を響かせながら通りすぎるばかり。色あせた奉納の幟が立っている稲荷から東南に下ると、小さな板金工場やアパートの混在する路地が続き、さらに保健所や郵便局、マンションなどの比較的多く見られる通りへ出る。いずれも何の変哲もない下町の風景の一部をなしているだけで、かつての街の情緒や雰囲気らしきものが完全に消滅しているのは、当然といえば当然だが、なにやら残念な気がしないでもない……。

昭和十一年（一九三六）の二月から三月ごろにかけ、永井荷風は当時東京の代表的な私娼窟とされたこの地区に通い、『濹東綺譚』一篇の構想を得た。それに先立つエッセイ「寺じまの記」（一九三六）によれば、当時の玉の井は路地の両側に二階建ての家が立ち並び、いずれもドアに一尺四方ぐらいの窓が「適度の高さ」に開けてある。これは路地を歩く男の目と窓の向うの女の顔とがちょうど見合うような位置である。「歩いて居れば、窓の顔は四五軒一目に見渡される。誰が考えたのか巧みな工風である」。

窓の女は人の足音がすると「チョイト〳〵旦那、チョイト〳〵眼鏡のおじさん」とか「おぶだけ上ってよ」などと呼びかける。「チイト、チィート」というように妙な節がついているように聞こえるが、荷風によれば若い頃吉原や洲崎遊廓あるいは浅草公園の裏手な

永井荷風『濹東綺譚』(1937)

どで耳にした発音と酷似していたというが、彼の観察眼はさらに女性が酒場のホステスのような和装や洋装姿が多く、その容貌も「地方からこの首都に集ってくる若い女の顔である。現代民衆的婦人の顔とでもいうべきものであろう」としている。〝おぶ〟とはお湯のことで、大正十五年（一九二六）の『芸娼妓酌婦紹介業に関する調査』（中央職業紹介事務局）によれば「オブ、とは誘わるるままに嫖客となり短時間其私娼を相手に茶をすすり、たわむれの言葉を交わし、若干の茶代を与えて帰り去る者を謂う」とある。『濹東綺譚』では主人公の客が「五十銭だね、おぶ代は」と念を押す個所があり、これに対して女が「ええ。それはおきまりの御規則通りだわ」と返事をしているのは、茶代だけでは全額が抱え主の所得になってしまうというきまりがあったので、若干の祝儀をあてにしているのである。

このような娼家の内部や売春の値段については、同じころの日記に概略が記されている。「外にて見るよりは案外清潔なり。場末の小待合と同じくらいの汚さなり。西洋寝台を置きたる家尠からず、二階へ水道を引きたる家もあり。又浴室を設けたる処もあり。一時間五円を出せば女は客と共に入浴するという。但しこれは最も高価の女にて、並は一時間三円、一寸の間は壱円より弐円までなり」（昭和十一年五月十六日）。さらにどこの女は尺八専門、どこは曲取の名人といった荷風流の話柄はともかく、娼婦の総数が千五、六百人、検黴所（玉の井昭和病院）に入院している患者は常時百人以上、入院料は一日一円であること、女は抱えといわず「出方」と称し、東北越後の出身者が多く、前借は三年で千円が通り相場であること、女がこの地区で商売をするには組合へ加入金千円を納めるか、毎月三円ずつを家主または権利所有の名義人に払わなければならないことなどは、すこぶる参考になる記載といえよう。

私娼街とそのシステム

荷風はこの稲荷の近所にあった家で一人の娼婦に会い、燠火のような情熱を掻き立てられる。お雪と名のる彼女は二十六歳、黒目がちの目に鼻筋の通った丸顔の、いまだ健康も損なわれていない様子。前身は宇都宮の芸者であったが、一年まえ旦那に死なれたため、この地に流れてきたと称している。すべて実在のモデルに忠実といわれる魅力的なヒロインの描写により、以後の玉の井のイメージが決定づけられたのは周知のとおりだが、もとよりこれで玉の井という私娼窟の実態がつくされているといえないのは当然のことであろう。荷風の目にふれなかった、ないしはあえてふれなかった客観的な玉の井の裏面を知っておくことも、当時の都市問題を把握する上できわめて重要なことのように思われる。

荷風がこの地に出没する数年ほど前、昭和五年（一九三〇）の内務省警保局の調査によると、全国二十四の府県に存在した私娼窟は二百七ヵ所、娼家は四千五百十三軒、私娼の数は一万二千百八十一人にのぼる。その最も多かった地方は娼家千百四十七軒を数える福岡県で二五・四パーセント、第二位が東京で九百二十九軒(二〇・六パーセント)であった。この東京の数字の内訳が玉の井(四百九十七軒)、亀戸(四百三十二軒)となっているのである。ちなみにこの年度における玉の井の私娼数は、まだ九百一名にすぎなかったので、それからわずか数年後の荷風探訪時に千五、六百名という数字にまで膨張していたことがわかる。

ここで私娼というものの位置づけを行なっておかなければならない。私娼とは「娼妓取締規則」などを根拠とする公の管轄外にいる娼婦のことであるが、廃娼論者の山室軍平などは「芸妓(事実上の醜業婦たるは、誰知らぬ者なき事実である)、酌婦その他の雇女(料理屋、銘酒店、遊技場、碁会所、新聞縦覧所など)、高等淫売婦、下等淫売婦、妾」(『社会廓清論』)などというように、きびしく公娼以外のすべてを私娼の概念で括ろうとしている。

ここで高等淫売というのは上流社会相手の売春婦であり、下等淫売というのは街娼のたぐいをさすのであろう。要するに密淫売であるが、その定義もあいまいで、昭和初期に警視庁警視であった副見喬雄によれば、芸妓をはじめ亀戸や玉の井などの私娼は公然と売淫行為を働いている点でもはや密売淫者とはいえないとし、店員や事務員のような素人を〝純密売淫者〃と呼ぶべきだと主張している(『帝都における売淫の研究』一九二八)。昭和戦前のある調査では職業的な売笑婦(娼妓)のほかに〃臨機的な売笑婦〃として「カフェー、待合、料理屋、飲食店、芸妓屋、遊戯場などの従業員、ダンサー、マネキン、女優、女子事務員、看護婦、派出婦」(草間八十雄『灯の女闇の女』)などをあげている。

宮武外骨は昭和四年(一九二九)の個人誌(「面白半分」)で、タクシー運転手と組んで助手席に乗りこみ、街路の客を物色する「円タクガール」を〃徘徊魔窟〃と形容している。永井荷風の『つゆのあとさき』(一九三一)は銀座のホステスの売春を描いたものだが、『ひかげの花』(一九三四)は男と同棲中の派出婦くずれの女性が、私娼紹介の組織に入って電話一本で待合などへ出張していく話である。大正末期から昭和初期にかけての経済的な変動と都市の急速な発展を背景に、売春の形態も取締当局を困惑させるほど多様化し、そこに流れこんでくる女性も増えてきたことがうかがわれる。玉の井や亀戸などの私娼窟の発達も、こうした現象と軌を一にしているのである。

明治初期から大正初期にかけ、東京市内において発達した集団的私娼街は、浅草公園とその裏側の千束町、芝区愛宕町、小石川区指ヶ谷町、日本橋区馬喰町郡代ほか六ヵ所、市外では亀戸、渋谷区道玄坂、南千住新開町ほか四ヵ所であり、そこで稼いでいた私娼は約三千二百人にのぼる。大正五年、東京市はこれら私娼街の一掃を図り、ほとんど功を奏したように見えたが、スラム街対策と同じことで、結果的には他の取締りが緩やかな亀戸などの地区へと分散させたにすぎなかった。その上、七年の米騒動に象徴される経済的な不安を背景に売春婦が激増したため、まず亀戸が旧に倍した勢いで復活、ついで新たに玉の井地区が繁昌することになった。

玉の井という地名は明暦年間（一六五五〜五八）代官多賀藤十郎が住民から召し上げた金で囲った妾の名にちなむとされているが、私娼街としての起源は、『濹東綺譚』によると、それまで浅草観音堂境内裏あたりを根城にしていた私娼たちが追われてこの地へ流れこんできたことにあるという。一時は寺島町の大通りで白昼通行客の袖を引くほどになったが、取締りが厳重になるにおよんで車の入らない路地奥に隠れるようになった。このままでは発展も期待できなかったところだが、震災後になって浅草凌雲閣や公園および千束町に巣食っていた私娼の多くが流入してきた上、昭和五年に東武鉄道が玉の井駅を設けるにいたって殷賑をきわめるようになった。

この傾向が戦争に入るまでの十年余つづいたことになるが、当時のサラリーマンや学生にとって、この種の私娼窟はエロ・グロ・ナンセンス時代の新奇なナイトスポットであり、吉原などの伝統的な遊び場を一挙に陳腐化するにふさわしい魅力を備えていた。それは一言でいえば手軽で安価な性の取引所ということである。

もっとも安値ばかりを追求する限りにおいては、当時吉原の最も安い三等の店における料金が一時間一円五十銭、品川・板橋などの遊廓では五等の料金が一円六十五銭で、これに対する玉の井が一時間一円から三円程度というから、必ずしも安いとはいえないが、これらは遊廓の最下等の値段と比較しての話で、吉原なら吉原らしい雰囲気を求めようとすれば、一等の店の四時間六円、全夜十二円といった対価を支払った上、酒肴料や周囲へのチップやしきたりなどにも気を使わなければなるまい。玉の井ではそのような値段の等級もなく、面倒な手続きもいっさい必要がない。遊客に会えばただちに性的な享楽を提供するのみ。〝おぶ〟だけのひやかし客は五十銭というシステムも、この種の客が案外多いという機微に即したものであろう。

じっさい、それまでの日本の売春婦は、たとえば酌婦やホステスを本職とし、裏で売春を行なうというように、表面上ほとんどが飲食業に従事しており、まったくの無職で売春専門というのは前例がなかった。その意味でも新興私娼窟におけるこの種の直截的な売春システムは、たちまち時代の要求に投じた。昭和五年の内務省の調査によれば亀戸と合わせて一日二万人の客が出入りするようになった。もっともそのうち一万四千人は素見《すけん》客にすぎないというが、それにしても大きな数字である。

この種の私娼街の女たちは、酒肴を提供することがないので、酌婦や仲居を称することはできない。そこで抱え主が考えだしたのは「出方」という呼称であった。元来これは相撲茶屋で客の案内や雑用をつとめる者をさすが、江戸時代には揚幕際にいて場内を警戒したり、客の乱入を防ぐ係を留場と称し、明治以降もその役割の一部が出方に引き継がれ、関東大震災ごろまで残っていた。それがいかなる理由からか、何の関係もない私娼に転用されたのである。ちなみに小学館版『日本国語大辞典』には出方について「娼家に新しく抱えられた娼婦」という珍妙な語釈を加えている。これは荷風の『濹東綺譚』に「新しい抱え――この土地では出方さんとかいうものが来たのである」とした個所を誤読したものらしく、「出方」は「抱え」だけにかかるのであって、新旧には無関係なのである。このような間違いが生じるほど、現代からは遠いことばになってしまっているともいえようか。

出方には抱え主の女房や女主人みずからが接客する「主人出方」という形態もあり、昭和初年には三割を占めていた。そうでない場合は、出方と抱え主の分配は、前借金のある場合は四分六、ない場合は分け（二分の一ずつ）であった。前述の職業紹介事務局のレポートによれば、一人の娼婦が一ヵ月に接する客を七十五人（徹夜的二十五人、一時的五十人）とし、一時的の客（チョンナガおよび永帳という）より平均二円、徹夜の客（泊込み）より五円を得るとすれば合計二百二十五円、分配後の娼婦の取り分は有前借者が九十円、無前借者が百十二円五十銭であると試算している。今日の物価になおすと二十万円前後という非常に低い報酬になろうが、それでも公娼よりはよほど恵まれていたのである。もっとも公娼の場合同様、病気治療費（入院費）は全額娼婦側の負担であったし、その上に布団の損料（一夜二十五〜五十銭）や取締りに遭った場合の罰金等が持ち出しになった。警察は私娼窟の存在を結果的には黙認していたが、公然と認めたのでないことを示すために、折にふれて臨検を行なった。荷風の『おかめ笹』には高名な日本画家のドラ息子が麹町三番丁の待合で臨検を食い、偽名を使って留置場へぶちこまれるエピソードが描かれている。

……魂消るような女の声がしたかと思うと矢庭にどやどやッと階子段を馳上る荒々しい跫音。小花と鵜崎はびっくりして起上りざま唐紙を開けると、出合頭にいきなり「こらッ」と一声鬼のような手に二人ともむずと肩をつかまれた。

「何だ失敬な。」と鵜崎が叫ぶと、

「僕は刑事だ、静かにしたまえ。」

小花は脱ぎ捨てた衣服の上にべったり腰を抜かしてしまった。鵜崎も事の意外に為す処を知らず其まま棒立ちに突立ってしまうと、廊下のはずれの一室にも早や一人の刑事が踏込んでいて、押入の中へ首だけ突込んだ輸と君勇の二人をば足をつかまえて引張り出している滑稽にして悲惨なる有様が、廊下の電燈で見通しによく見えた。

玉の井においてはこの種の臨検が、少し古い数字だが、大正十一年に百四十二件、十二年に三百十八件に達している。同じころ亀戸では十一年に三百二十件、十二年に六百六十一件の多きを数えたというから、玉の井のほうがやや安全だったといえようか。荷風自身は臨検に引っかかるようなことはなかったが、私娼窟にこの種の危険がつきものであることは認識していたであろう。

玉の井私娼の実態

以上に挙げた各種の調査をもとに、玉の井娼婦の実態をもう少し詳しく見ることにしよう。まず出生地であるが、芸妓は総数の七割までが東京生まれで、娼妓の場合は概ね東北地方の出身者が多いとされるのに対し、玉の井の私娼は関東地方の出身者で六割を占めた。『濹東綺譚』のヒロイン雪子が宇都宮出身というのは、同地の花柳界出身という意味だが、荷風はひそかに彼女の顔立ちや皮膚のきれいなことから「遠い地方から東京に移住した人たちの間に生まれた娘」と推測をくだした。これは暗に新潟地方をさしていることはいうまでもない。

ちなみに明治年間には「越後は娼妓の本場」といわれたほど、新潟県地方の出身者が多かったのは周知の事実であるが、その後地元に紡績業などが発達することにより、急速に数を減じていった。同じことは三重、愛知、岐阜各県についてもいえるが、明治四十年（一九〇七）、日露戦後の恐慌を契機に東北および北海道出身者が激増した。とくに青森、山形、宮城、福島、秋田の各県が多く、岩手は比較的少なかった。これに反して私娼はやや異なった分布を示している。大正末期に玉の井娼婦六百五十三人について出身地調査を行なったところ、多い順に東京（一三〇）、千葉（六七）、埼玉（五五）、茨城（四七）、福島

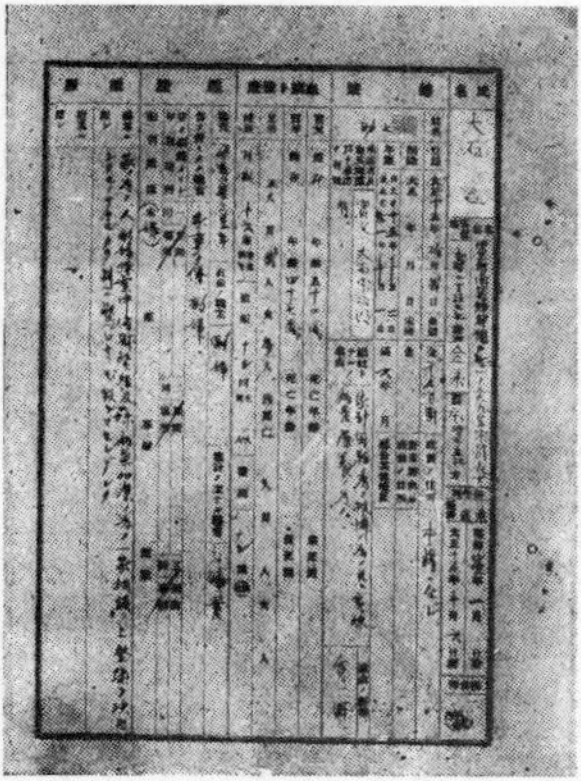
娼妓調査票

（三五）、群馬（三三）、栃木（二八）、秋田（二八）、北海道（二五）、神奈川（二〇）、静岡（二〇）……という結果になった。地元の東京勢（地玉と称した）が全体の二割を占め、関東地方全体では約六割に達する。東北および北海道は一割七分にすぎない。なぜこのような結果になるかは後にゆずることにして、娼婦出身地の明確な相違が、私娼街に異なった雰囲気をもたらすことになったことは想像に難くない。

これらの私娼は芸妓や娼婦に比して両親や養父母のない者が多かった。芸妓や娼婦になるためには「娼妓取締規則」にしたがって同一戸籍内にある最近尊親者の承諾を必要としたためである。とくに未成年者については直系尊親者の承諾を必要とした。これは抑止効果を期待してのことだったが、かえって親族に恵まれない女性が法規則を受けることなく、私娼として安易に売春の道に入っていく結果を招いてしまったのである。

荷風の描く女性像には、いくつかの共通した特色がある。『濹東綺譚』のヒロインは快活で陽性な、私娼としての境涯をさまで悲しんではいない存在である。『ひかげの花』の女主人公は西船橋の船宿の娘だが、都会にあこがれて家出し、女中奉公をしているうちに妊娠、その後派出婦を経て売春婦となる。『つゆのあとさき』に登場するカフェーのホステスは、親のきめた結婚をきらって家出し、東京の友人の家に厄介になっているうちに、その友人にならって売春をはじめる。名作『腕くらべ』のヒロインは新橋芸妓であるが、十四のときから芸者に売られ、やがて男を手玉に取るような積極的な生き方をするようになるが、この世に身寄りのない天涯孤独な存在である。

つまり水商売に適した性格であり、背後に実生活の匂いや家の重圧といったものがほとんど感じられないような存在といえよう。これは荷風の生活観や美意識をそのまま女性のキャラクターに反映させたものにすぎず、現実の女性たちの苦悩は捨象されている。あえていえば、見て見ぬふりをしているのである。

売春婦となる原因の主なるものが貧困であり、その家庭の職業が概して低所得層であり、さらにその出身地が前記の地方のほか、東京都市部であれば浅草区(現、台東区)、下谷区(同)、小石川区(現、文京区)、本所区(現、墨田区)、深川区(現、江東区)などの地域に多かったことは、各種の統計をまつまでもないが、問題はその売春に走った直接のきっかけである。

救世軍の伊藤秀吉は、大正年間の大阪の娼妓八百人余の調査例を引いて、八八パーセントが「悉く家の犠牲」になっているとしている。その内訳は、父親の借財などを原因とする家の貧を救うため(四四パーセント)、父母や親族の死亡または疾病のため(二〇パーセント)、父母を養育したり兄弟の学資を援助するため(一〇パーセント)、家業の失敗もしくは資本を得るため（〇・八パーセント）で、そのほか分娩ならびに育児費用を得るためとか、父母の勧めなどがあるが、自分の借財を返すためという者はわずかに一二パーセントにすぎない（『紅灯下の彼女の生活』）。これは娼妓についての数字であるが、私娼の場合も同様である。

それでは、彼女らの親の職業はどのようになっていただろうか。昭和十年ごろの玉の井、亀戸の私娼千八百五十人について調査したところ、農業が千百二十人で六〇パーセントを占め、以下無職百六十一人（八・七パーセント）、物品販売および行商百五十八人（八・五パーセント）……の順となっている。もっとも、医師、公務員、学校講師、貸座敷業の家庭からも各一人の私娼を出しているのは、親に売られたのではなく、本人の選択によるものではないかと思われる。もしそうだとすれば、このあたりにわずかに私娼の特色があり、荷風的世界がほの見えているといえよう。

こうした家庭の実態は、数字だけでは到底想像もできないような、悲惨でおぞましいものであった。芸妓についての例だが、小石川のある長屋の労働者が十五歳の娘を群馬県高崎市の達磨屋（曖昧宿）に、四十五円で売ったという話がある。しばらくして、その後抱え主から「ほかへ住替えさせるからこの証書に捺印せよ」と勝手なことを要求してきたので、きっぱり拒絶すると、無断で長野県下の達磨屋へ、さらに茨城地方へと転売されてしまった。八年後のある日、洲崎遊廓の抱え主と称する男がその娘を伴って現れ、「この娘は田舎で稼業中借金が嵩んだので娼妓となったが、その前借金で以前の抱え主への借金を整理させたいので、この書類に捺印せよ」と迫った。父親がこれを拒絶したところ、抱え主と称する男は無理に娘を引き連れて立去った。その後、群馬県前橋市の達磨屋から娘の「十五円持参して来てほしい」という手紙が届いたが、その日暮しの父親は前橋に行く旅費さえ工面できず、どうしたものかと途方にくれている——。

南千住のある労働者は妻に病みつかれ、やむなく長女を娼妓に売ろうとしたが、自分がまだ無戸籍者であることに気がついた。このままでは契約ができないと、モグリ桂庵（周旋屋）の悪智恵で同じような境遇の他人の娘の名をいつわることによって、首尾よく長野県の某遊廓へ売り込むことに成功、前借金を名義を貸した娘の親と、桂庵にも分配したが、のちにこのことが露見してしまったので、一同検挙を恐れていずれかへ逃亡した……。

このような事例から浮かびあがってくるのは、まず保護者の無知ということであろう。当時の貧弱きわまりない福祉政策のもと、貧困のゆえにやむなく長女一人を売らねばならない事態が起こり得たにしても、一度味をしめるやたちまち二女、三女までも売りとばし、恬として恥じない親が多かった。昭和六年の吉原芸妓六百八十一人の調査によれば、姉妹で芸妓ないし娼妓勤めをしている者は十六名にすぎなかったが、これは申告調査であるから、一家の恥として正直な回答をしていないと推測される。しかもその内容たるや自分の子供七人(女子六人、男子一人)のうち四人までを売りとばした福島の農家、女子四人のうち三人を売った秋田県の農家など、戸主の多くが四十歳代半ばの働き盛りであることを考えあわせると、一概に貧困のせいに帰すことはできないであろう。当時、女子が生まれると「田畑がふえた」と喜ぶ地方があったことを想起すべきである。

地方の農家ばかりではなかった。都市部でも、たとえば小石川区の江戸川橋に住んでいた草間八十雄は、近隣の五人もの売春婦を出している一家をはじめとして、寒心に耐えない事例を報告している。ある煙草屋は男一人女四人の子持ちで、女三人は色里に出している。またある労働者の一家は男二人女二人だが、女二人とも田舎芸者となっている。さらにある建設労働者は妹二人のうち一人を娼妓に、一人を芸妓に売りとばし、「俺らのような貧乏人は娘でも妹でも構わない、色町で稼がせるのが出世で、こんな貧乏家にくすぶってヤレ操だの貞操だのといった処で何が仕合わせだ、世間では笑っても俺らは妹を出世の道につけたつもりだ」と何憚ることなく豪語している……。

荷風去りし後

ここに売られる側の娘は何を考えていたのだろうか。家のためと思えばあきらめがつく場合もあったろうが、現実問題として、親の生活は立ち直るどころか、いよいよレベルが落ちる例も多かったのである。昭和六年から九年までの救世軍の調査によれば、五百五十三人の芸娼妓のうち、娘を売ったためかえって親の堕落を見た例が二十五件もある。娘を六年間の契約で売った木材仲買人が、その後仕事をせず、娘の仕送りで生活していたというような例は枚挙にいとまなく、なかには娘を酌婦に出したのち父親(指物師)が殺人罪で検挙され、母親が情夫と逃亡してしまったという、ひどい例さえあった。

いかに当時の女性の美徳として、誤った〝孝行〟や〝忍従〟の観念が鼓吹されていたか想像にあまるものがあるといえよう。さすがに女性の側の抵抗も見られた。深川のある一家の二女は、わずか十歳で姉とともに山梨県に売られたが、その後病いにかかって気が弱くなった父親は娘たちに一時帰宅するよう迎えを出した。このとき哀れな二女は「年端のいかないあたいと姉さんの二人まで色街に売り、こうして泣きの涙で暮らさせるような非道の親には構いたくない」といい張り、頑として動く気配がないので、困惑した父親は警察署に願い出て娘を説諭してもらい、ようやく連れ帰るという醜態を演じたという。

こうした娘たちの抵抗は芸娼妓になることじたいを拒否するという態度になってもあらわれた。「親がどうか家のためだ、四五年の間だけ浮川竹で勤めて呉れと宥め賺して売女にしようとしても、前借だヤレ身代金で体を売ることはまっぴらご免ですと聞き入れない。

強いてと言えばソレなら前借なしで女給にでもなりましょと言い張るので、昔のように一家の難渋を救うために犠牲的に淪落の女となるものが減ってきた」(『灯の女闇の女』)。これが教育の普及をはじめとする社会的変化のためであることはいうまでもないが、逆の見方からすれば私娼増加を促した一因ともいえる。

当時の感覚では、私娼は芸娼妓よりも自由度の高い、収入もよい職業と考えられていた。つまり束縛度の少ない、どちらかといえば〝自堕落な女〟が〝好きでやってる〟職業というイメージである。『濹東綺譚』のヒロインお雪は底抜けに性格が明るいということもあろうが、鼻歌まじりで楽しい〝売春生活〟を営んでいるようだし、そこにチラと影を見せる抱え主(「田舎臭い円顔に口ひげを生やした年は五十ばかり」)も、地元の小金をもった商人といった程度の無害な存在にしか見えない。荷風のこのような観察は、どの程度の根拠を有するものであろうか。

大正末期の玉の井私娼の調査によれば、無前借者は一六パーセントにすぎず、残りの者は平均二百数十円の前借金を有していた。これは同期の芸妓一人あたりの前借金九百五十余円、娼妓千二十円弱に比較すればかなり少なく、前借金のない者は「素々生計難に由り此途に就けるのではなく、浮華淫奔の生活になずむの余りかかる巷に這入れるもので、彼の娼妓に比し動機原因に異なる点があり」云々という分析(『芸娼妓酌婦紹介業に関する調査）もある。しかし、だからといって私娼生活が楽で、娼妓にくらべて有利な仕事ということにはならない。ここで注意すべきは、いかに〝浮華淫奔〟な女性でも、一人でいきなりこのような場所にやってきて「明日から働きます」という経路をたどるものはいないということである。大正末期玉の井私娼六百五十三人の前身は、料理飲食店従業員三百八人（四七パーセント）を筆頭に、女子工員百二人（一六パーセント）、無職四十五人（七パーセント）、芸妓十六人（二パーセント）、その他となっており、女子工員を除けば「既に売笑生活に漂えるものと、接客を業とする客商売に雇われたもの」（同上）が圧倒的に多い。このことは、自発的に私娼に転業するというよりも、前借金の返済が不可能となって私娼に転売されるケースも多かったのではないか、という疑いを抱かせるに十分である。

果して草間八十雄は、玉の井からフケ（逃亡し）た一人の娼婦の例を紹介している。昭和初期に池袋にあった東京市社会局の幼少年保護所に勤務していた彼は、ある年の正月八日に下谷警察署からまわされてきた女性に面接した。断髪で錦紗ずくめの肉感的な美人で、いかにもカフェーの女性のようだが、聞いてみると「お恥しいが玉の井の女で、死のうと思って、玉の井から『フケ』ましたものです」という。

段々尋ねだしたところでは京都で私生児として生まれ、貧しい母親の手一つで育てられたが、十七歳の時わずか三十円で奈良市の小料理屋に酌婦として売られた。そのときはすぐにでも返済できるつもりでいたところ、主人の甘言に引っかかって着物を買い込んだため、一年足らずの間に借金が七十五円にふくらんでしまい、返すアテもないうちに、ある日周旋屋らしい男がやってきた。

その男に連れられていった先が玉の井で、相手は酒井という家で年季は一年半、前借金は百円という契約だった。うち二十五円は母親に渡された。私娼稼業は抱え主との割前がいい場合には、日に一円を返すことも可能である。彼女の場合も三ヵ月そこそこで完済できるはずであったが、契約が一年半ときめられていたので、一日に何人の客を取ろうとわずか二十銭の小遣いを与えられるだけ。馬鹿馬鹿しくて、働く気になれないと思ったところを再び転売され、同じようなことを十ヵ月間に四回も繰り返した。しかもこの四軒目の家では借金が二百六十円にもなっているといわれた。これではいつになったら足を洗えるのか見当もつかない。肝心の母親にも死なれ、後を追おうと考えたことが何遍もあった。

ついに逃げだす決心をした彼女は、正月七草の祝いで抱え主が酒を飲んでいる隙をうかがって逃げだし、浅草雷門でカルモチンを買い、ようやくたどりついた上野の森のベンチで服毒自殺を図ったが、死にきれないうちに巡査に発見された——というのである。

この女性のケースは、私娼の場合も契約条件によっては公娼となんら変わりのない奴隷状態であったことを示しているが、そのほかに一つ注目すべきことがある。それは彼女が

昭和10年代の玉の井風景

死を思った前後に、五人もの客から心中をもちかけられていたという一事である。いずれも失業あるいは単に世を拗ねての揚句だが、とくに紡績会社の小松という若いサラリーマンの真剣さには恐ろしくなり、日光へ逃げようと欺いて抱え主にその旨を告げ口し、以後会わないようにしたというのである。「妾は熟々世の中には、愚かな男が多いのに呆れました」……。

考えてみると、これは『濹東綺譚』の荷風自身と思われる主人公がお雪という娼婦から結婚話を持ちかけられるのと、ちょうど正反対のシチュエーションではなかろうか。「わたし、借金を返してしまったら、あなた、おかみさんにしてくれない」という女性の訴えは、「おれ、会社をくびになったから、きみ、一緒に死んでくれない」という男のせりふの裏返しなのだ。無論、ここではそのようにナイーヴな対称性に興味があるというのではなく、社会の最底辺で弱い者、追いつめられた者同士が必死に疑似的な連帯を求めようとする動機や姿に注目したいのである。その場合、まだまだ希望があるのに死を選択しようとする〝愚かな男〟はともかく、女にはまったく選択肢といえるものがないのである。そのような立場の女が発する「あなた、おかみさんにしてくれない」というのはほとんど必死のシグナルであるはずだが、荷風はそれを冗談半分のように聞いている。ということは半分深刻でもあるのだが、その深刻さは「一たび娼婦に箕箒をとらすれば救いようのない懶婦か悍婦となる」という彼独自の俗流の哲学(世間知)に置き換えられてしまい、ひたすら退路を求める小心翼々たる初老の男に変貌してしまう。もとより『濹東綺譚』はフィクションにすぎず、作者が娼婦から求婚されたということの真偽すら定かでないのであるが、ここでの作者が女性との関係をあくまで嫖客であることにとどめようと、そのことにばかり懸命になっているために、娼婦自身の問題が完全になおざりにされてしまったことを見落とすことはできない。これは花柳小説の限界というような生やさしい問題ではあるまい。

アメリカのジャーナリスト、リンダ・ウルフはある大学教授の売春婦殺しを扱った文章の中で「男性にとって売春婦を愛すること、彼女の解放された性の世界にはいることは一種の基本的幻想で、それはちょうど、売春婦になって、社会的制約から解放されるのが女性にとっての基本的幻想だというのと同じなのである」(『理解できない悲惨な事件』間山靖子訳、一九八六)と述べているが、これはそのまま昭和初期の私娼とその客たちとの関係にもあてはまる。当時私娼窟に入っていった女たちにとって、そこはそれまでに属していたあまりにも重苦しい家や社会にくらべれば、相対的な解放区と映じた可能性もある。しかし、それはやはり擬制の解放区でしかなく、そのころ流行の唄の文句ではないが、たかだか〝心の憂さの捨てどころ〟でしかなかったのは自明の理である。

荷風が玉の井を去って間もなく世は戦時下に入り、さしもの賑いを示したこの地区も漸次衰微に向かうものの、私娼そのものへの需要は衰えるばかりか、むしろ増える一方であった。とりわけ軍事生産力の増強を至上命令とする政府の意向を受け、警視庁は新たに立川、蒲田、亀有、立石、新小岩などの工場地帯に「産業戦士慰安所」の設置を許可した。ほかにも川崎市のN工場のように、労働施設として自己資本で慰安所を建て、厚生課で管理し、社員には「割引慰安券」を発行、この結果「青少年工の間に従来の刃傷沙汰が減少した」と報告された（宮出秀雄『ルンペン社会の研究』一九五〇）。戦地における従軍慰安婦制度が、このような国策に連動していたことはいうまでもない。売春を生み出す社会構造がそのまま国家に是認され、剰え国策として積極的に利用するという体質は、戦後もさまざまな形で継承され売春問題の解決を遅らせることになる。

ある私娼の最期

しかし、そのようなことは別の文献に譲り、この章を一人の私娼の運命に目を注ぎながら結ぶことにしよう。荷風が『濹東綺譚』の構想を固めつつあったころ、昭和七年の一月、三ノ輪の東盛公園（現、台東区立東盛公園）を視察していた草間八十雄は、一人の住所不定者から「旦那、お金《きん》さんがなくなりました」と告げられた。どこで、と問うと「その天井の下で」という返事である。天井というのは公園のあずま屋のことである。

——とうとう死んだか、という感慨を抑えることができず、草間は急ぎ足で下谷区役所へと向かった。お金は浅草娼婦の全過去を体現する、いわば歴史的人物だったからである。

彼女は、かつて草間が職務調査で知り得たところでは明治二年牛込区横寺町で幕府直参の武士を父親に四人弟妹の長女として生まれたが、維新後父親が砲兵工廠の工員として生活苦にあえぐ身となったため、十六のときに色街へ売られたという。以後四十八年の長きにわたる売春生活の間に人妻となったことが一度、同棲が一度、養育院へ入ったことが二、三度あった。売春をしなかった期間はせいぜい数年程度であるから、密淫売前料七十犯以上という経歴もあえておどろくにはあたらない。そのような経歴の詳細を草間は記していないが、同じころ浅草で住所不定者とともに寝起きし、『乞食裏譚』(一九二九)を書いた石角春之助は、お金が「由緒の深い幕臣の娘」でありながら「川越の酌婦町」に売りとばされたとしている。もう一つ、道家斉一郎の『売春婦論考』(一九二八)に出てくる「土手のお金」なる街娼も、明治三十八、九年ごろ「三十二三の小粋な年増」に見えたというので、同一人物の可能性が強いが、この女性は生まれが千葉船橋の漁業者で、十二、三歳で木更津の宿屋奉公に出され、宿の客に欺されて関西方面で酌婦となり、東京に舞い戻ったとある点は大きく食いちがっている。ただし、彼女が日本堤今戸公園を根城に浅草十二階下および千束町辺の街娼として働いたという点は共通している。そうなると、「このお金を中心として綽名を『眼鉄』と呼ぶ男が同類の女のために金を貸しそれが銘酒屋と呼ばれる私娼窟となり其の後造花屋、絵葉書屋と化け震災後蜜柑屋と化けたが即ち昔日の私娼窟発達の道程である……」という説は非常に興味深いものがある。

いずれにせよ、お金は娼婦としての検挙数ではレコードホルダーとなったが、やがて年齢とともに浅草辺の労働者や住所不定者を相手にする街娼に零落していった。「彼女の洗礼を受けぬ者は労働者でないと迄云われている。……本所深川の木賃宿町の夜小暗い路地にひそ〳〵と語り合う男と女情交金の十銭二十銭で野良犬の様に路傍に野合する彼等も人の子である。これを立淫売又は露淫と云う」（道家、前掲書）。五十歳を越したころ彼女は関東大震災に遭遇、罹災者を収容する本郷の寺院で半年間も世話になった後、ふたたび街娼に復帰したが、翌年行路病者として市の養育院で三年間をすごした。すでに身体はアルコール中毒に蝕まれていた。両親はすでに遠い昔、彼女が二十歳のときに死亡していた。弟は生き別れのまま、一度も逢っていない。妹の一人は早死にし、もう一人の妹は横浜で使用人のいる酒屋の妻になっていると知ってはいたが、それも長い間逢っていない。妹のほうでは逢いたがっているようだが、こんなに落ちぶれた姿をさらすのも面目ないと思うと、どうしても足が向かない……。

その後、草間はお金が三ノ輪浄閑寺（現、南千住一丁目）の床下をねぐらにしているのを知り、見舞いに行った。そこは旧幕時代から遊女の投げ込み寺として有名で、安政の大地震で死亡した吉原娼妓五百二十六名の総霊塔（無縁墓）もある。お金は歯も全部抜けてしまい、六十歳を過ぎた身体に模様もわからないほど垢じみたボロをまとい、日暮里や南千住方面へ物乞いに行くのもやっとという状態だった。なぜ浅草公園に出ないのかという草間の問いに、「旦那、こうまで落ちぶれた姿をあの盛り場のエンコ（公園）でさらしたくはありません。これでも昔は知られたお金ですよ……ボロをさげケンタ（門づけ）になったと笑われるのも嫌ですからエンコには行きません」という返事だった。

間もなくお金は、なぜか寺の床下を出て、明治通りをはさんで浅草方面へ二百メートルほど行ったところの東盛公園のベンチで野宿するようになった。草間はほかの労働者三人とともに彼女を三ノ輪のあるバーに連れていったが、もはや一杯の酒を飲み干す気力もなさそうに、「旦那、近ごろは酒がおいしくないのです。わたしも近いうちにこの娑婆をお暇乞いするかもしれませんわ」などと苦笑するのだった。草間は第三章で紹介したように、東京市社会局に属しながら数多くの都市下層社会研究をのこした人であるが、その調査研究にあたって、対象となる社会の人々に親しく接し、とけこむという態度をとった。お金をバーに連れていったのも、そうした日常的行動の一齣であったろう。

このような経緯があったので、翌年正月彼女の死亡を耳にした草間は衝撃を覚えたのである。下谷区役所の庶務課で検視資料を見せてもらった彼は、そこにつぎのような記載を見いだし、深いため息をついたのである――。

原籍不詳　八木下キン　年齢六十四五歳位
死亡の場所　下谷区東盛公園
死亡の原因　老衰
死亡の日時　昭和七年十二月三十日午前十一時三十分
死亡の状況　身の丈四尺二寸位、頭髪白毛マジリ体痩セテ細リ、色蒼白其他普通、着衣木綿縞袷一枚、襦袢三枚、腰巻一枚、細紐、下駄男物ト女物片方ヅツヲ穿ツ
所持品　編財布一個、一銭銅貨十二個、白銅一個、鋏一個、手拭一本、マッチ一個

昭和六年から八年までの三年間において救世軍の廃娼掛が扱った私娼百十七人のうち、

結婚した者三十二人、婚約した者一人、看護婦や女子工員になるなど自活の道を歩んだ者二十七人、家庭に戻った者が四十人、その他となっていて、大半が足を洗ったことがわかるが、残りの一割五分については、不幸にも疾病にかかった者三人、梅毒のため失明した者二人、死亡した者二人、再度悪周旋人などに欺され、売られた者七人、行方不明となった者九人、救世軍に保護中の者一人という内訳となっている。これはあくまで救世軍が扱った比較的廃業の意思が強固な女性の場合と解すべきであろう。お金ほどではないが、私娼から住所不定者へと落ちていくケースもかなり多かったのではないかと想像される。

荷風の伝記作者秋庭太郎は、その著『荷風外傳』（一九七九）にお雪のモデルとされる女性の写真を見、「あの土地に似合わしからぬ容色と才智とを持っていた。鶏群の一鶴であった」という荷風の評言が偽りではないという印象を受け、「おそらくお雪と称する写真の主は幾ばくもなく立派に更生したに相違ない」としている。しかし、これはあくまでロマンの範疇に属すべき事柄であろう。

糸を紡ぐ「籠の鳥」たち

吉原娼妓よりも悲惨な運命

大正十二年（一九二三）九月一日の大震災は、関東一円の繊維工場に働く多くの女工たちの間からも多数の犠牲者を出した。このとき罹災した工場は、従業員が数千人を擁するところだけでも二十五ヵ所、死傷者はどんなに少なく見積っても五千をくだることはないといわれている。しかも、その多くは人災的な要因によるものだった。たとえば大日本紡深川工場では、いつ倒壊してもおかしくないような、亀裂の入った老朽煉瓦建の二階に重い機械を据え、女工を詰めこんで作業に従わせていたからたまらない。地震とともに彼女たちは重い煉瓦と機械の下敷となり、おまけに油をたっぷり引いた床からは火攻めにあって、ほとんど全員焼死をとげた。

ことにおどろくべきは富士紡小山工場で、いったん避難しかけた女工たちは「お前たちの身体は金を出して買ってあるのだから、自由な行動はとらせない」と、炎上する工場脇の空地に厳重な監視つきで拘束されたため、たちまち四方からの熱風に襲われて挟み焼きになってしまった。

——細井和喜蔵の『女工哀史』（一九二五）が伝えるこの種の無残なエピソードは、安政の大震災時に千人を下らない死者を出した吉原妓楼の例を連想させられる。文字通り籠の鳥でしかなかった娼妓たちは、閉ざされた非常門から脱出できないまま焼死していくほかはなかった。とりわけ京町は岡本屋という妓楼の二十六人の娼妓たちは、楼主が火災に備えて床下に掘った穴蔵にむりやり追いこまれ、焦熱地獄の中で蒸し焼き同然になってしまったのである。

しかし、これは江戸時代の話であって、大正の震災時における吉原遊廓の死者は、前回の教訓に懲りたせいもあってか、数の上からいえば百人程度にとどまり、犠牲者のためには供養塔も建立された。たとえ形式にせよ、世人は彼女らの運命に一掬の涙をそそいだということであろう。これに対して女工の犠牲者五千人については、供養塔一つ建たなかった。女工は娼妓以下だったことがわかる。

大正十四年における娼妓四千九百七十七人の前歴調査によれば、女工から娼妓に転じた者の数は四百九十人（九・八パーセント）であるが、これは料理店の従業員（女中）出身千四百七十七人（三〇パーセント）、家事手伝い五百四十九人（一一パーセント）についで多

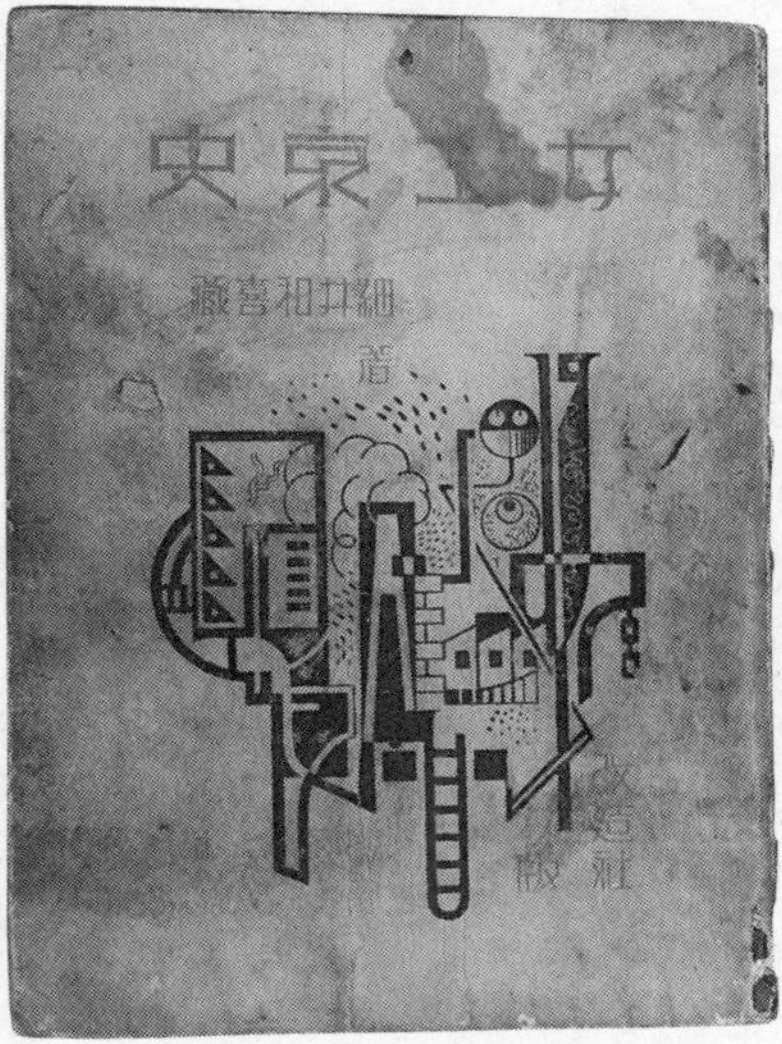

『女工哀史』(1925) と著者細井和喜蔵

い数字である。大正期を通じてこの数字はほとんど変わることなく、女工から娼妓へ移行する率は各年度およそ一割程度のところで推移するが、昭和五年になって六パーセント程度に下がる。いずれにせよ低い数字とはいえないだろう。このように女工から娼婦になることは、当時の一般人にとっては転落を意味していたようだが、奴隷どころか牛馬以下の苛酷な労働条件にあえいでいた彼女たち——あるいは口減らしのために帰るべき家のない女工たち——にとって、娼妓への道こそ唯一の脱出口であり、また救いでもあったとはいえないだろうか。

早くからこのような女工の実態を暴露したものとして、最初の章に記した横山源之助の『日本の下層社会』(一八九九)や前述の『女工哀史』、それに近年では信州出身の製糸女工を描いた山本茂実『あゝ野麦峠』(一九六八)などがあり、今日文庫化もされているため内容もよく知られているが、これらに匹敵する重要なドキュメントで、研究者以外にはあまり読まれていないものがある。その筆頭に位置するのが明治三十六年(一九〇三)、当時の農商務省(のち、農林省と商工省に分離)商工局による各種の工場の調査記録『職工事情』である。いわば官製の記録であるが、実地に経営者や事務員、女工をふくむ職工たちに面接、精細にその証言を採録することにより、当時急激に社会問題化しつつあった工場労働の実態を把握しようとしたもので、その態度は概して客観的である。むしろ逆説的に、当時の実態が官製記録でもまったく隠蔽不可能なほどの、きわめてひどいものだったことを認識させられる点で、説得力に富んだ文献ともいえよう。

じつはこの調査は工場労働の弊害が大きくなった明治三十年代の初期に、政府が規制法案提出のための予備調査として、当時一万円の費用と二年の歳月を費やして行なったものである。その中心となったのは、内務省衛生局出身の工場調査掛長窪田静太郎（一八六五〜一九四六）で、のちに行政裁判所長官、枢密顧問官を歴任した人物である。彼は早くから欧米の社会保障制度や保健制度に関心を抱き、貧民研究会や中央慈善会の設立に努力した。つまり、底辺の労働社会に造詣が深いものとして調査掛長に任命されたわけだが、この仕事に友人の経済学者桑田熊蔵（一八六八〜一九三二）とドイツで経済学を修めた学習院教授久保田無二雄らを顧問にし、さらに『日本の下層社会』の著者横山源之助などをはじめ各方面の専門家を嘱託として動員したため、内容的にきわめて正確な調査報告ができあがった。調査掛は間もなく解散し、工場法案そのものも骨抜きになってしまうが、本書の資料的価値はゆるがない。後にふれるように、治安立法により労働運動じたいが完全に抑圧されるようになってからは、本書も機密文書のごとき扱いとなって、その部分的な復刻すら許可されず、ようやく一般に陽の目を見たのは、戦後労働基準法の制定された直後の昭和二十二年（一九四七）十二月のことであった。

そのようなわけで、現在では研究者向けの翻刻という形で全貌にふれることが可能になっているのであるが、一つ問題がある。それは本文が法律の文章のような漢字まじりのカタカナで表記されていて、非常に堅苦しく読みにくいということだ。せっかくの興味深い内容も、現代の読者にとって無縁のものでしかなくなってしまいかねない。――それではあまりにも惜しいと考えたことが、ここに同書のハイライト部分をわかりやすく書き改めて紹介しようと考えた動機である。ついでに参考資料として、当時の政府側の二、三の資料や医学者による調査研究なども採りあげることにした。ちなみに『職工事情』は、引用にあたってはひらがなにあらため、濁点、ルビおよび句読点を補ったことをお断わりしておく。

桂庵という名の詐欺師

森鷗外の『山椒大夫』ではないが、女工の悲劇の発端には常に人買いが介在する。募集人ないしは紹介人ともいわれた彼らは、その意味では現代におけるリクルートの役割を果たしていたといえようが、実態は限りなく人攫いや詐欺師に近い存在であった。

募集人というのは各企業が地方に派遣する勧誘員のことであり、紹介人とは芸娼妓を周旋する桂庵のような、女工専門の口入れ屋であるといえば、一見募集人のほうが良心的と思えようが、いずれも嘘八百の甘言をもって欺すという点では五十歩百歩であった。……賃金はいいし、仕事といっても遊んでるようなもんだし、余った時間は好きなことをしていいんですよ。毎週一日は休みで芝居見物も自由ですよ。食事も美味しくて、しかも無料です。それだけじゃありませんよ。工場内には立派な学校があって、そこで裁縫や作法、生け花、お茶、というような、およそ女子として習わなければならない芸事は、毎晩毎晩教えてくれるのですからね。そうして三、四年も勤めれば、女のかよわい腕一つでも立派な嫁入り支度が調うのは、何の不思議もありません。まあ、帰りたくなったらいつでも帰れるんだから、東京見物のつもりで一度行ってみたらどうです……。

明治三十五年四月、山梨県中巨摩郡のある村を訪れた東京の森崎生糸場の手代と名乗る男が、口から出まかせの雇用条件を並べ立てて十四歳から十九歳までの少女十四名を連れだすという事件が起こった。この男は途中で加わったもう一人の相棒と図って「女が金を持っていてはあぶないから預けるように。着替えも各自提げていくのは荷物だから、まとめて先方へ送ってやる」などと言葉たくみに巻上げ、旅費が足りなくなると着替えの荷物を売りとばして工面しながら静岡県須走村(現、須走)までやってくると、男の一人が同県の富士紡へ赴き、社員を須走の宿まで引っ張ってきた。その間に残った一人が少女らに、富士紡は日本有数の工場だから見ておくとよい、それにはそこに三年間雇われた形にすればすぐ見せてもらえる、おまえたちの父兄もこの件を承諾しているから心配ないと、まことしやかにいいくるめておいたので、世間知らずな少女たちばかりでなく富士紡の社員さえ完全に欺かれ、少女たちを工場に伴って身体検査の上十二名を正式に採用、周旋人に手数料（一名あたり三円五十銭）を支払った。周旋人はその不合格の少女二名を宿屋に伴い、宿賃のかたに置き去りにするや、さっさと行方をくらましてしまった。一村から十四人もの子女が行方不明になったとして、この事件は中央でも問題になった。犯人は間もなく逮捕されたが、調べてみると同じ郡の出身者で、翌年「幼者誘拐及び詐欺取財」の廉で重禁錮四年、罰金十円に処せられている。

また、同じ明治三十五年には、ある繊維工場を依願退職して郷里の宮城県へ帰ろうとしたが、旅費が足りず、行き暮れて警察に保護された二十四歳と十二歳の姉妹のケースがある。この姉は工場の勧誘員が並べたてる甘言に引っかかり、そんなによい会社に入れば自らの身にとっても幸せだし、両親にも送金できると思い、しぶる親を説得してようやく許しを得たところ、妹が自分も行きたいと泣くので同行することにした。ところがいざ入社してみると、劣悪な環境と粗悪きわまりない食事に加え、徹夜業の辛さに耐えかね、三ヵ月目に泣いて退職を願い出た。会社は罰のつもりか、姉の所持金二円を取り上げ、懐中余すところわずか十八銭しかない姉妹を放り出した。しかも「必ず警察の厄介になるな」と強くいい渡したという。姉妹は駅まで行ったが、十八銭では郷里への切符が買えるわけもなく、途方にくれて交番に駆け込んだという。

これらの例には一つだけ不幸中の幸いともいうべき要素があった。それは彼女らが周旋人の暴行を免れたからである。悪辣な周旋人が彼女らを工場へ連れていく前に暴行し、場合によっては遊廓のほうへ売り飛ばすというのは、半ば常識であった。『職工事情』には関西で五人の男が駅頭で工場へ入社しようとする五人の女性に言葉たくみに接近、うち三人に暴行を加えた上、繊維工場に一人五円ずつで売りとばしたという話が出ている。親たちはおどろいて連れ戻そうとしたが、五円という前借金を返済することができず、ようやく四円に負けてもらって救出したとある。

このような例は長いあいだ絶えることがなかった。大正期に入り、中央線の姥捨（長野県）で列車の衝突事故（大正八年八月）があったさい、富山県出身の十八歳の女性が長野赤十字病院に収容されたが、診察の結果妊娠六ヵ月と判明した。事情を聞いてみると、その前年車中で繊維工場の見番（職工監督）と知合いになり、女工として工場に入れられ、夫婦約束までしたが、妊娠した途端放りだされたというのである。この出来事を報じた「報知新聞」は、五千四百八十人の娼妓の前身を調べてみると、千百一人（すなわち五分の一）が女工であったとし、見番が少なくとも四、五人、多きは二十人もの女工と関係し、それを利用して募集活動を行なうのみならず、彼女らが契約を終了して帰郷した後も巡回的に同地を訪問させるため、工場からは多額の運動費が支出されている。そのために見番は口の達者な好男子ということが条件となっているとしている。「報知新聞」は大正末期、ようやく政府が重い腰をあげて労働者募集取締規則を公布しようという時期にこの積年の弊を論じ、「女工のうち八九割までは田舎娘でそのまた八九割までが独身者である処から、募集員はいろいろな方法でだまして安く工場に連れて来て、たいていは中途で節操をやぶってしまう。工場では見番と称する職工係が一人当り十人二十人を監督している。工場では役得と信じて全部の女をもてあそんで来たのもこれがためであったとのことで、この頃大きい会社では女の監督も使っているから幾分よくなったが、もとは小工場の社長などは千人斬りと称して随分乱暴を働いたものだという」(大正十三年三月二十四日付)と告発している。

塩水に醬油糟の〝味噌汁〟

ともかく、このようにして入った工場が文字通りの地獄であったことは想像に難くない。まず労働時間は昼夜交代の十一時間ないしは十一時間半労働で、これに昼業部(午前六時~午後六時)には正午三十分間、夜業部(午後六時~午前六時)には夜半三十分間の休憩時間がつくというのが建前だったが、一時間ぐらいは必ず残業させられ、繁忙期には六時間延長の、昼夜ぶっ通しの実質十八時間労働を強要されることもめずらしくなかった。休憩時間は大正期には九時、十二時、三時の三回、各十五〜二十分間となったが、だれも機械の傍らを離れることなく食事をとるのが通例だった。トイレに行く時間もない。昼夜交代は一週間ないし十日ごとに行なわれたが、十五日間、二十日間にわたることもあった。

とくに問題なのは明治十七年以降の紡績景気より一般化したといわれる夜業すなわち徹夜業で、女工に結核が多かったのも徹夜と綿塵が原因とされ、国際的な非難を浴びるに至った。夜業の経験者が一様に証言するのは、睡魔に襲われると欲も得もなくなり、一刻も早く持場を離れたくなるということだ。ある女工は「夜明けの二時三時頃になれば身体がだれて思うように動かぬけれども、居眠りすると罰金を取られる。夜業のときは昼間寝られぬと仕事が出来ぬ」と証言している。明治三十三年ごろに出た『紡績職工の現状』という調査報告によると、徹夜をはじめた当初は睡魔に勝てず、機械にもたれて眠ったり、打綿室の綿の中で寝てしまう者もあるが、やがて慣れるにつれて苦痛も減ってくる。「然れども徹夜業の習慣はその苦痛の幾分を減すべきも、これより生ずる処の衛生的害は否定すべきにあらず。今もし早朝工場に赴き、夜業を終って工場を出る処の女工を見ば、顔色蒼白形容枯渇ならざる者はほとんどなし。殊に幼少者に至っては、更に一層の甚しきを加え、観る者をして覚えず顔を蔽わしむるなり」。幼少者とは十歳から十四、五歳の少女であり、七つ八つの女子もめずらしくなかった。

これほどの重労働にもかかわらず、賃金(日給)は男工の平均三十銭に対し、女工は二十銭にすぎなかった。女工の場合、月になおすと六円であるが、これは現在の物価に比して二万円に満たない金額であろう。当時の日雇い労働者の日給が四十銭前後、「食えん」といわれた巡査の初任給が九円、教員が十円、公務員が五十円であった。女工の場合がいかに低賃金中の低賃金だったか、単純比較だけでも明らかであろう。おまけにそこから信認積立金や保信金などという名目で百分の三程度を差引く。これが今日もわが国の企業に残存している社内預金の嚆矢であるが、明治大正期にあっては契約期間の中途で退職する者からは没収するなど、従業員の足止め策として用いられていた。欺されたとか、虐待されたとかの理由で辞める者は、涙を呑んで血と汗の代償を放棄せざるを得なかったのである。満期退職者や成績優秀者に対しては賞与制度もあったが、お為ごかしにすぎなかった。

ある工場の明治三十三年における女工の増減を見ると、前年からの繰越人数が千二百四十六人に対して、正常解雇八百十五人、逃走除名八百二十八人、事故請願三百九十四人、病気帰休者百十八人、死亡者七人で、これに対する当年の新規雇用人数は千五百三十八人となっている。死亡者が少ないのは不治の病と見るや郷里へ帰してしまうからだ。勤続年数にしても、ほとんどが半年か一年に満たないありさまだった。この点から見ても募集に狂奔せざるをえなかったことがわかる。

食事も粗末の一語に尽きるものであった。『職工事情』には二、三の工場の一週間の献立が記されているが、たとえば明治三十四年二月二十三日におけるA工場の朝食は味噌汁の若布入、昼は揚豆腐と焼豆腐の煮つけ、夜が大根とブリのあら焚き、同年三月二十五日におけるB工場の朝食は香の物だけ、昼は唐菜の茎、夜が高野豆腐となっている。味噌汁といい、香の物といっても、一般家庭のものを想像してはならない。調査掛の見たのは「飯は米質下等にして、かつ炊き方の粗雑なるため一種の臭気あり。口に適せざるもの多きが如し」というしろものだった。元女工の証言にも「朝飯は小さいコオコ二切れと、水みたような味ない味噌汁とを食わせるだから、朝飯は食わぬ者が多い。私ども（注・寄宿者）は小遣い銭も持たないから、何も買い食いすることができないから、朝飯を食うけれども、外の者（注、通勤者）は種々のものを買い食いするから朝飯ぐらいは食わぬでも平気だ」とある。

細井和喜蔵も大阪紡績勤務時代の体験として、味噌は一般の赤味噌ではなく、とくに製造させた糠味噌で、「香の物は大根の丸いなりを一分くらいな厚みに輪切りにし、こいつをさも惜しげに二切れだけ撮んで呉れる」（『女工哀史』）と証言している。彼が後年勤務した東京モスリンにおいて、大正二年（一九一三）に発生した大争議の原因の一つは、想像を絶する粗食にあった。「毎朝の味噌汁といえるは其実汲置きたる潮（塩水）へ肥料に使用する醬油糟を加えたるにて、人類の食うべき物にあらず」と当時の「万朝報」は実状の一斑を伝えている。大正中期における工場の食費は一日わずか六〜七銭だった。そば（もり、かけ）の値段が二銭、カレーライスが一ぱい五〜七銭という時代である。

失明しても医者に見せず

このような環境であるから、病人や死者が多いのも当然だった。「操業上通風を忌むがゆえに、窓戸は常にこれを密閉し、他に換気の装置を設けざるをもって、空気の不潔なること甚だしく、殊に徹夜業は一層の害を加え、感冒呼吸器病を惹起し、其極終に肺病肋膜炎等に変ずるもの少なからず。また塵埃を含める空気温度光線等の関係により、眼病にかかる者多く、終日の立業は関節病をおこし、女子生殖器病を醸し、不妊の原因となることあり。而して生殖器病の原因中、彼らの不品行に基づくもの、また少なからざるが如し」。

これは首都圏の例だが、明治三十五年十一月、埼玉県北足立郡瓦葺村（現、埼玉県上尾市瓦葺）のコールテン織物工場を逃げだして浦和管内の警察署に保護された女工四人が、「死んでも戻らぬ」と泣き叫ぶので、顔をよく見たところいずれもひどいトラホームにか

明治時代の製糸工場（「毎日グラフ」1966. 11. 1）

かっていた。係官がその工場を立入り検査したところ、百人ほどの女工たちが午前三時から夜の十二時まで酷使されており、過半数の五十九名がトラホームをわずらい、中には伝染性皮膚病（疥癬）や尿道炎を併発しているものもあった。事業主は女工たちが苦痛を訴えても医者に見せようとせず、その結果一人は失明状態にあった。工場は不潔で、女工の寝具も長さ三間（約五・四メートル）、幅九尺（約二・七メートル）の敷布団一枚の上に同じ大きさの布団をかけ、そこに足を向き合わせて八名ずつ、計十六人を目刺しのように並べて寝かせるという状況で、一人伝染性疾患にかかればたちまち全員に伝染してしまうのは明らかだった。この事業主はほかにも虐待の事実があり、重禁錮二ヵ月罰金三円に処せられたが、〝鬼〟と呼ばれることを得意にしているという人物だけに、この程度の処罰では効果がなかったであろう。当時の新聞は「天上の星は墜つる期あるも、工女を虐待する暴虐の雇主は尽くることなきか」（二六新報）と慨嘆している。

しかし、このような女工虐待問題の背景には、事態を嘆くだけでは解決できない、旧時代的な雇用観念が伏在したこともたしかで、それを端的に示すのが明治三十三年から三十五年にかけて同じ北足立郡の春岡村大字丸ヶ崎（現、埼玉県大宮市丸ヶ崎）のコールテン織物工場で起こった女工虐待事件である。この事件の全貌は『職工事情』の実例集（「付録一」）に、各種の公文書や新聞記事を並列する形で最も詳細に記されており、当時の官僚も関心をいだいたことが窺えるが、要約するとつぎのようになる。

春岡村は瓦葺の東南、綾瀬川の西岸、現在の大宮から約十五キロほどの地点にある農村地帯であったが、そこに地元の機織業金子初五郎（二十六歳）は実母マン（五十歳）とともに、二十四名の女工を使役して織物工場を経営していた。鬱蒼とした杉林の中にある木造の工場には日光が入ることもなく、食堂や浴室もないという原始的なもので、その入口には昼夜の別なく鉄の閂がかけられ、周囲には厳重な柵が設けられ、経営者の居宅から屋外に通じる出口にさえ二個の錠前をほどこし、家人交代で見張りをするという、監獄同様の工場であった。

コールテンはほかの織物にくらべると価格が安いので、量で稼ぐほかはなく、初五郎の工場では女工一人について一日二反（約九・五メートル）を織るよう要求していた。これは年少者や未熟練工には達成不可能なノルマであって、女工たちはバタバタ倒れる。倒れないまでも半病人となり、疲労のあまり機唄をうたう声さえ出なくなるほどであった。ところがこの経営主はそうした彼女らを哀れむどころか、かえって居眠りする者を棍棒で打ち据えたり、病気で動けない者には「食事は大毒だ」としていっさい食物を支給せず、無理矢理仕事につかせたりしたのである。ノルマを達成できない者には「不浄責め」と称して、大便の入っている大溜めの中に両足を突っ込まされる。このような苛酷な仕打ちのため眼が見えなくなり、ついに失明に至った者さえある。

当然ながら逃亡者が続出したが、右も左もわからない彼女らはたちまち路頭に迷い、手もなく連れ戻されてリンチを加えられるのが常だった。それも厳冬なのに給一枚にされたり、髪を切られたりするのは序の口で、他の者の前で全裸にされ、卑猥きわまりない性的拷問を加えられる者さえ出る始末。

なかでもひどい虐使を蒙った田畑ツヤという十六歳の女工は、三度《みたび》脱出を試みて失敗したが、工場の内情がうすうす当局の耳に入り、その取調べのため経営者が勾留されたチャンスをねらって夜半に工場を脱出、徒歩で東京本郷あたりに出て桂庵への道をたずねたところ、親切な人から当時女工問題でキャンペーンを展開していた「時事新報」へ行くように勧められたので、ほかに行きどころのないまま同社に駆け込んでその保護を受けたのである。その結果、コールテン工場の実態が一挙に明るみに出た。

取調べの判事らが工場へ立ち入ってみると、二十四人の女工中半数はトラホームに感染し、頭髪を刈られた者も多く、そのなかには盲目になった者が二人含まれていた。物置小屋の畳もない部屋には一人の女工が病いに伏していたが、判事がいたわりながら抱え起こしたさい、床の中から犬が一匹現れたので理由を訊ねると、「このごろの夜寒は、とうていこの鉄のように固い敷布団一枚では凌ぎきれるものではないので、余儀なくこの小犬を抱いて暖をとっておりました」と涙ながらに答えた。居合わす者はしばし言葉もなかったという。

以下に引用するのは、この事件を「人間最大の問題」と考え、「最も慎重の調査を遂げ、之を社会に紹介するの責あるを感じ」た「時事新報」が、女工の一人桶谷ハルノより聴取した談話である。『職工事情』が談話を忠実に転載しているのは、おそらくそのあまりにも異様な内容に強い衝撃を受けたからに相違ない。ここには当時の女工一般の悲惨な実態が凝縮された形で示されている上に、企業の雇用感覚、労働者の意識などが鮮やかに浮き彫りにされている。その意味でも、単なる報告文に整理することによって写実性を損なうことを避けたのだろう。ただし、原文は原稿用紙で数十枚におよぶ長いものであるため、ここでは当時の文章に変改を加えることなく、約三分の一の分量に要約して掲げることにした。

凄惨な女工のタコ部屋

……母は私が生まれて間もなく亡くなり、父も私が九歳の時母の跡を追いました。唯《ただ》一人の姉があって、表《おもて》を張っておりますが、是《こ》れも一人の男の子を残して連合いに世を去られ、いま寡暮《やもめぐらし》をして居ります。

一昨々年の一月でした。田舎廻りをして歩く腰橋と云う桂庵が私共の町（注、富山在）へも参りまして、娘のある家へ行っては東京へ奉公に行けば三年も働くと二十円や三十円になる。是非行って見ては何《ど》うだと勧めたものですから、其時分《じぶん》は何の考えもなしに東京へ行きたいと云う考えばかりが先に立ち、是非遣って呉れろと頼みまして、とうとう姉に納得させたのです。自分から好んで地獄へ落ちたので御座いました（注、旬日の後、彼女は腰橋の手から、岩槻の桂庵で源蔵という者を経由して春岡村の金子工場を紹介される）。

其時金子方には春岡村の者が三人、能登から来た者が五人、夫《そ》れに私共三人でしたが、夫れから段々人数が増えて参ったのです。初めの中は阿母《おかあ》さん（注、初五郎の母マン）が吐鳴《どな》る位で、若旦那（注、初五郎）は夫れ程酷くもありませんでしたが、其後段々工女が殖えて参り自然と費用もかかる様になったので、取扱いが追々厳しくなり、最初は味噌汁など身を沢山入れて居りましたのに段々減《へら》して、終《つい》には全く入れなくなり、夫れから少し経つと今度は物価が高くなったと申して味噌汁を止め、醤油の汁にしたのです。

旧盆になづて慥《たし》か十五日の日だと想います。朝起きた時に何だか気持ちが悪く、頭が非常に痛みましたけれども、叱られてはならないと我慢して機台《はただい》に登っていると、正午頃に機頭《はたがしら》が来て受取《うけとり》をしました。受取と申しますのは、定《さだめ》の尺だけ織ったか何《ど》うかと云うことを調べる為めに今織って来た処へ墨で印を付けるのです。処が私は身体の悪いために夫れが織れなかったものですから、機頭は大層不機嫌の様でした。夫れから昼飯を食べまして又機台に登りましたが、気持ちが段々悪くなって何うしても堪えられませんので、旦那に頼んで休ませて貰いました。

　阿母さんや若旦那は只寝て食って居られては堪まらない、病人を寝せる処は此方にあると、私を背戸の木小屋へ連れて行きました。中へ入って見ると、隅の方に縁台があって、その上に薄い薄い煎餅のような布団がありました。さあ、そこへ寝て居れと申し渡されましたので、何うして斯様な処へ寝られるものかと自分ながら慄然と致しました。お医者さんに診て貰いたいといっても、医者などが要るものかと初めの中は聞て呉れませんでしたが、余り長延《ながび》く様子になったので、阿母さんも我を折り、お医者を連れて来て呉れました。それから追々快《よ》い方に向かったのです。

　取扱いが残酷になったのは、何でも去年の三月頃からです。一日一人の織高が一反（原注、二丈五尺）と極《き》まりました。又工女もその頃には三十人程になりましたが、おことさんを除くほかは誰でも二丈五尺なんて織上げる者はございませんから、さあ阿母さんの立腹様といったらないのです。夫れから折檻《せっかん》と云う事が始まりました。初めは食事を減らすか食べさせないのが関の山でありましたものが、終には撲《な》ぐったり又は着物を剝いで赤条々《まるはだか》となし、死ぬより辛い羞《はず》かしい目に遭わせるようになりましたのです。

折々風呂が立たないではありませんけれども、円据風呂桶《まるいすいふろおけ》が一つで、人は三十人もあろうというのですから、一人ずつ這入って居れば夜が明けて了うばかりか、終の方に廻った者は全然垢の中へ入る様なものですから、誰れも嫌がって大概水で手足を洗う位にして置きました。夫れが済むといよいよ折檻が始まります。阿母さんや若旦那はとうに御飯を済まして工女の来るのを待ち、工女が台所へ入って来るのを見ると、直ぐに受取の出来なかった者丈けを呼び、其処へ坐れと云って台所の板間へ坐らせ、是から貴様達の折檻をするのだから待って居れと言い渡し、次に受取の出来た者は其処で夜食を済ませて、サア怠けた奴等の折檻を始めるから貴様達も其処で見て居れと吩付《いいつ》け、是れも板の間へ坐らせて置き、さて若旦那は座敷の真ん中にある長火鉢の前に胡座《あぐら》を掻き、阿母さんや機頭の竹沢宇吉だとか、黒須元次郎などと云う人は其の傍に坐り、その前で受取の出来なかった工女に裸体になれと申付けるのです。

例えば何んな人の命令だって誰が又ハイといって裸体になる者がありましょう。皆な身を窄《すく》縮めて黙って居ると、貴様達が裸体にならなければ俺が裸体にして見せると、若旦那は機頭に言付け、彼奴等《あいつら》の着物を剝げというので、主人の命令ですから仕方なしに着物を脱がせると、誰だって一生懸命です、何うぞ下帯だけは勘弁して下さいと板の間に獅噛みついて泣きながら頼みますけれ共、鬼のような主人ですから何うして中々聞き入れる所ではありません。エエ面倒だといって今度は二人で泣入る工女を撲ったり蹴《けっ》たりしながら無理やりに下帯までも取って了い、それから何うでしょう、其儘で板の間に突立たせて若旦那は火鉢の傍に返り、折檻を受けない工女に向かって貴様等も明日から仕事を怠けると矢張り此通りにするから用心しろと申渡し、自分は煙草を吹かしながらニヤリニヤリと笑って羞しい工女の立姿を見て居るのです。

左《そ》う斯《こ》うする内に一時にも二時にもなりますので、主人も眠くなるのでしょう、今度は其の工女を板の間に坐らせまして、今夜中其処に坐って居ろ、一寸でも動きやがると承知しないぞと申し渡しました。自分達は奥の座敷へ行って寝て了《しま》い、又他の工女は台所の次の座敷へ蚊帳《かや》を吊って寝て了うのです。

所が慣れると云うものは酷いもので、裸体にされるのは始まりこそ誰れも彼も恥しがって居りましたが、幾度も幾度も遣られるにつれて終には大方の諦めも付き、初め程には愁《かな》しくも思わないようになり、中にはクスクス笑い出すものもありましたので、是れでは裸体責めも利目《ききめ》がないと云うので、今度は無暗に打ち据える様になりました。

夫れは受取の出来なかった者や坐睡《いねむり》をした者を矢張り全裸体にしまして、三人なり五人なり台所の板の間へズッと並べ、一番目の人の左の足と其次の人の右の足とを縛り、二番の人の左の足と三番目の人の右の足とを縛って動けないようにして置いて、夫れから太い棒を持って来て腰の辺を打据えるのです。両足は縛られてあるから、前への後への転ぶことは出来ず、意地になって歯を食いしばり、じっと忍《た》えて居ようと思っても、それは中々できませんで、つい泣く者もあれば叫ぶ者もある、中には寧《いっ》そ一思《ひとおも》いに殺して呉れと云う者もありました。私も撲たれましたが、最初の一つ二つの痛さと云ったら、身も皮も破れるかと思いました。物心覚えて誰れにも打たれたことはございませんので、斯んな残酷《ひど》い目に逢ったのですから、此分では屹度《きっと》今に殺されて了うだろうと思い、寧ろ逃出すより外はないと覚悟したこともございます（注、その後彼女は最初の逃亡を試み、岩槻の源蔵方へ身を寄せ、追ってきた若旦那の「もう折檻はしない」という誓約を信じて工場へ戻るが、すぐ元の木阿弥となってしまう）。

死体を砂糖樽へ投げ込む

毎日毎日の折檻ですから、誰だって逃出したいは山々ですが、夫れを為《し》ないのは為ないのではない、出来ないのでございます。仮《よ》しんば出ました処で何処へ行くと云う当てがあるではなし、其上一番恐しいのは途中で捕まりでもしようものなら、夫れこそ命がけでございます。

裸体責めの折檻も何時しか効力が薄くなったので、今度は又も新手を出し、荒縄吊りの折檻を始めました。それは二人の女を全裸体にしまして台所の下へ連れて行き、鴨居の内外には太い釘を打込んで其内側の釘へ荒縄の端を縛り付け、夫れから女を背合わせにして、釘から垂れ下がって居る荒縄を両人の女の股の間へ通し、其端を外側の鴨居の釘へ縛り付けるのです。それで其縄が緩《ゆ》るくでもあることか、無暗に引き締めて足の爪先きばかりで立って居るように仕向けるのです。是れで一晩中遣られるのですから、堪《た》まりっこはありません。今盲目になって居るおかのさんや、おせきさんは能く遣られましたが、其度毎に若旦那は他《ほか》工女にも見て居ろと申すのです。誰れが又其様な事を見て居られるものでしょう。

誰が気の毒だと申しておかのさんとおせきさん程の者がございません。余り仕事が上手でないものですから、折檻という折檻を受け、それが原因になったのか何うか其辺は解りませんけれど、とうとう生れもつかぬ盲目になって了いました。何しろ肝腎の眼を患って居るのですから、主人も少し位の加減はして呉れても好さそうなものですのに、其邪慳といったら酷いのです。其の盲目になったものを最《も》う不要の女だと申して物置小屋の傍の三畳の間へ入れて寝かして置くのです。其の板の間で薄っぺらな一枚の布団に包まって寝かせられて居たのですから、其後おせきさんは肺が悪いとか申して今では骨と皮ばかりになり、夫れは夫れは見る影もない姿になって寝て居ります。

折檻に事を欠いて随分きたないことまで考えたものです。丁度昨年の暮れ寒《かん》の入りの日でして、大層な寒さで薄氷がはりました位です。其日の夕方、名前は忘れましたが若旦那は三人の朋輩を呼び出《だし》まして、是れから折檻をするから此方へ来いといい、其他の者には来て見ろと申しますから何をするかしらんと怖々《こわごわ》行って見ますと、背戸へ出る壁側の小便溜の処へ行って三人の者に腰から下を巻くり上げさせ、壁の処に肥《こえ》柄杓《びしやく》を懸ける処がありますが、夫れへ手を懸けさせ吊下げるように腰から下を小便溜の内へ突込ませましたのです。何にしろ薄氷がはるという寒い日ですから、三人はガタガタ顫えて居りましたが、何でも二時間程経ちましたから若旦那は最う好いと申して上がらせました時の臭さといったら、傍へも寄れたものじゃありません。若旦那も是には閉口したと見え、此方に来いと申して井戸傍へ連れて行き、自分が水を汲んで洗って遣ったのです。随分狂気じみた話じゃありませんか。

その外、又寒中で水責めと砂責めと一緒に遣ったこともございます。それは今年の一月の末頃、管巻《くだまき》のおきよ（十七）さんが遣られたのです。おきよさんは与野《よの》の近在の小勇とか云う田舎角力の娘で、去年の春から雇われたのですが、大層美人で工女などにするのは惜しいものだと誰も申して居た位綺麗でございました。処が此人は坐睡をするのが癖で、癖じゃない病気なんでしょう、朝から晩まで坐睡ばかりして居るものですから、毎日の様に折檻されました。是れも極く寒い日でしたが、若旦那が起きて見るとおきよさんは座敷の縁の処で管を巻きながら坐睡をして居たものですから、此阿魔、又眠ってやがる、今眼を覚ましてやるといって無残にも髻《まげ》を攫《つか》んで庭先に引摺り出し、其処へ引倒して置いて井戸から水を手桶に二杯汲んで参り、夫れを頭からザブリザブリ浴せ懸けたのです。勘弁して呉れと泣きながら詫びましたけれど、何うして聞くどころじゃありません。今度は庭の隅から砂を沢山持って来て、又頭から打被せた。それから水と砂の泥土の中へ横倒しにして団子の様に転がしたのです。おきよさんは最う泣くことも出来なくなって死んだようになって転がされて居りましたが、之を見て私共も思わず機台に獅嚙み付いて泣きました。

斯ういう酷い目を見たのですから、美人美人と囃されて居た人も今では宛然《さながら》別人の様になり、顔は土色になり、髪の毛は真赤に縮れ、身体も骨と皮ばかりに痩せこけて、一月頃の俤もございません。ですから、阿母さんや若旦那が警察へ引かれたことを其親達が聞きまして、つい此間おきよさんの暇を取りに来た処が、大旦那（注、初五郎の父親）は二十円の貸金があるから夫れを返せ、返さなければ暇は出されぬと申しましたので、父親は仕様がなく其儘帰ったそうです。可愛想な話じゃありませんか。

夫れから今思い出してもお気の毒なのは此二月二日に亡くなられた赤垣ハルエさんの身の上です。極く柔順《おとなし》い人で、機もよく織りましたが、何うしたものか大層若旦那に憎まれて、夫れは夫れは一日でも殴られない日はない位でした。何でも一月の半ば頃でしたろう、此れから折檻をするから此方へ来いと申して、若旦那がハルエさんを赤条々《まるはだか》にして、門の右手にある土蔵の内へ連れ込んだのです。少し経つと土蔵の中で悲しい叫び声がしましたから、何にをして居るだろうと思って居りますと、頓《や》がてのことにハルエさんは目を泣き腫らし、真蒼になって土蔵を出て参り、其儘地上に泣き伏して了いました。私共は気の毒に思い、着物を着せたり何んかして遣りまして、何んなことをされたと聞きましたけれど、折檻のことは申しませんで、唯死にたい、死にたいとばかり申しておりました。何んなことをされたのでしょう。

夫れから四五日経った頃から、ハルエさんは胸が痛い痛いと申して、御飯もバッタリ食べられなくなり、胃病とか申す病でとうとう二月の八日（？）に亡くなって了いました。夫れからその死骸は何うしたかというに、宛然犬か猫の死骸でも捨てる様に、砂糖樽の内へ倒さに押込《おしこん》で、其上に菰《こも》を覆《か》ぶせて葬りました。左様なことをしたものですから、後で色々の噂さがありました。土蔵の内で折檻したのが病気の原因だろうと云う者もあれば、中には砂糖樽へ入れたときには未だ息があったなどと申す者もありました。真逆そんなことはあるまいと思います。

遠く離れて居ることですから、誰でも国のことを思わぬ者はありません。夫れでも盆とか正月とかには大概主人に手紙を書いて貰い、両親兄弟の安否を聞合せて居たのですが、酷い取扱いをする様になってからは、碌々手紙を書いて呉れませんから、他の人に書いて貰って、夫れで出しても、不思議の事についぞ一度も返事の参ったことがございません。

右のような次第で、辛抱甲斐のない処《どころ》ではありません。下手をすると又此上に何んな悲しい淵に沈ませられるかも知れませんから、私は今度こそ何んなことをしても逃げて了おうと存じまして、其機を見て居りました処が、此の旧盆の十六日の日でした。私が二十銭を貸して貰いたいと申しても聴いて呉れません。又其少し前に国元の姉へ手紙を遣りました処が、其返事の来て居るのに若旦那はどこかへ仕舞《しまつ》て失《なく》したといって見せて呉れません。私は何んなことが書いてあったかと種々心配して居た矢先に僅か二十銭ばかりの銭を兎や角云われたものですから、若しや手紙を匿されたのではあるまいかと存じまして、最う斯様家《こんな》には死んでも居ないと覚悟を致し、主人には一寸其処まで行って参りますと申して逃出したのです。是れは初五郎、マン、夫れと二人の機頭が警察へ引かれた後の事で、裁判所から門を開けて置けという御命令があったものですから、昼間は始終開けてあったのです。

夫れ故私は容易に逃出しまして、岩槻の源蔵さんの処に厄介になって居りますと、其翌日大旦那が来まして、今逃げた処でおまえの為めにもなるまいし、後二月で年が明けることだから、辛棒して呉れ、左うすれば給金も旅費も遣るからと申しました。処が源蔵さんのいうには、今更ら給金や旅費が慾しくっていうのじゃない、少《ち》と此方に都合があるから一先ず連れて行って呉れ。尤も本人は何うしても暇を取って呉れと云うのだけれど、此方の都合で当分預けて置くのだと、念を押して断り、夫れから私を蔭へ呼んで二三日の処だから我慢しろ、よい口を探して屹度迎えに行って遣るからと申されました故、私も心丈夫に思いまして、丸ヶ崎へ帰り、今日か明日かと首を長くして待っていますと、二十二日の昼少し過ぎた頃源蔵さんが参りまして真実暇を取りたいのか何うかと申しますから、是非取って呉れろと頼みました。すると源蔵さんは夫れならば己れが懸け合て遣ると申しまして、大旦那に話した処が十円も十五円も貸しがあるなどと申して埒が明きませんでしたけれど、夫れを談判してとうとう証文を取って了いました。

話が纏まった上は寸時も斯様処《こんな》に居るのは嫌ですから、国から持って来たのと仕着、貰った着物を風呂敷に包みまして、おことさんを始め其他の朋輩の者に此れから暇を取るからと申しました処が、誰も彼も飛出して参り、お前が暇を取るなら私も暇を取る、誰が斯様な処に居るものかと騒ぎ出したのです。夫れから私は盲目になって座敷に寝て居りましたおせきさんに声を懸け、私は今日暇を取ることにしたが、お前も壮健で早くお国に帰りなさいと申しますと、おせきさんは跛《いざ》りながら出て参り、私の袖を取って見えぬ目を振上げ、若し東京へでも行って按摩の口でもあったら何うか世話して下さいと、涙をボロボロ落しながら頼むのです。是れを見て私も胸が一杯になって了い、ああ屹度世話をして上げるからといった丈、其余の言葉は出ませんでした。斯うい人を見捨てて自分一人達者で出ればそれで可いのかと変な考も出ましたけれど、其様な事を言ってる処ではありません。忽々に工場を出ると、言うに言われぬ清々とした気持ちでした。

丸ヶ崎を出て蓮田へ参り（る?）途中源蔵さんが、お前の暇を取ったのは、実は東京の時事新報社の社長さんがお前達を大層気の毒に思って、態々《わざわざ》社員の方をお寄越しになり、費用を出して下すって、夫れでお前を連れて行こうと云うのだから、東京へ行ったら御恩を忘れないで、一生懸命に働かなくってはいけないと申されました。私は始めてその事を承知致しまして、嬉し涙に暮れたのでございます……。

暴虐の限りをつくして懲役二年

この経営者は、あるいはサド気質の疑いもあるのではないかと思えるのは、ほかにも数々の性的拷問を発案したり、少年工の口にくわえさせた唐辛子に点火し、悶死させたりしているからだが、もはやこうした事例をすべて挙げるに耐えきれない。談話者の桶谷ハルノも、後に裁判所の判決によって判明したように「初五郎、マン、元次郎相謀りツヤを裸体となして縛し、之を仰向に倒し置き、竹片を以て其陰部に差入れ之を掻廻し」云々というような件は羞恥のせいか、あるいは記者が削除したのか、触れていないのである。

しかし、この埼玉工女虐待事件そのものがけっして特殊な事例でないことは、あらためていうまでもないだろう。証言からは操業年数や機械設備などの詳しいデータは得られないが、従業員の数から見て工場制手工業の域を出ないものであることはたしかである。初五郎一家はもと農村の家内工業として綿織物などを手がけていたのが、機械を購入して工場をつくったのであろう。それが日清戦後の好景気で急成長を遂げたのはよいが、そもそも他国からの多人数の労働者を使いこなす習慣もなければ、近代的な経営感覚もまったく欠如していたので、ひとたび特需景気に遭遇するや、自家の低い生産力に焦りを覚え、理性を喪失してしまったことと思われる。

このように考えれば、初五郎一家の事例は当時の繊維工場一般にも多かれ少なかれ共通するものであろう。彼らはその当時の、本質的に人権感覚を欠いた前近代的な労使関係の上に安住して、ひたすら生産性の向上を図ろうとし、必然的に多くの犠牲者を出した。しかも繊維工場は当時ほとんど唯一の国際的競争力を備えた産業分野であったため、その急成長は国益のために好ましいこととして、低賃金や苛酷な労働といった矛盾が極点に達するまで、政府は見て見ぬふりをしようとした。

明治の後半といえば経営者の大半は旧幕時代の生まれで、家父長専制主義から一歩も出ることなく、若い働き手もまた身分意識に搦め取られていた。とくにこのような家内工業の労働者にとって、経営者は「旦那」や「阿母さん」という擬制の家父長であって、反抗など思いもよらないことであった。第一、当時の出稼ぎ労働者のあり方として年季奉公という形が通例であり、前借金という桎梏さえ加わっていたのである。ここから多くの経営者が、労働者の年季が明けるまでは相手の全存在を金で買ったのであり、煮ても焼いても自由であるという意識を抱くようになっていたのは明白であろう。労働者のほとんどは欺されて生地獄へ落ちるが、年季の証文は取られ、前借金があるとわかれば、そのまま帰ることはできない。彼女たちのほとんどが、人口過剰の農村から口減らしのために出てきたという背景も大きく作用している。やがてつらい徹夜業にも習慣的に慣れてくると、このまま郷里へ帰っても金にはならないのだからという意識が生じ、少しでも多く稼ごうとしはじめる。経営者はこのような心理を逆手に取って、飴とムチを使いわけながらこき使う。反抗の気配があれば、体罰や拷問という恐怖を与えてその芽を摘み取ってしまう。

初五郎の暴行を目撃しても、朋輩としては同情の涙を流すのが精一杯で、制止することさえできないのは、以上のような背景があるためである。逃亡しても周旋屋に駆け込んでいるのは、前借金の問題がからんでいるからで、これを未解決のまま警察の保護を求めれば、かえって戻るよう説諭されるのが落ちであることを知っているからだ。一方、駆け込まれた周旋人としては雇用主から手数料も取ってしまっていることだし、前借金が未返済では後で問題になる。ただし、初五郎が当局に呼ばれる事態になってきたので、ここは要領よく立ち回り、たとえば新聞に売れば金になるのではないかと考えた。そのため女工にいったん工場へ戻るよう説得したというのが真相であろう。

七ヵ月後、浦和地方裁判所は初五郎、マンおよび機頭の計三名に対し、重禁錮二年、罰金三十円の判決をくだした。

女工を囚えていた二重の牢獄

繊維工業に代表される工場労働者の過度労働を監視するための工場法は、その後なんと十年以上を費やして、明治四十四年（一九一一）にようやく公布されたが、産業資本側の抵抗で女子の深夜労働禁止などの肝心な部分が骨抜きとなり、十五人以下の零細工場には摘要されず、しかも施行が五年後という生ぬるいものでしかなかった。政府としては労働者の保護などどうでもよく、幸徳事件後の社会主義運動抑圧のためのムチに対するアメの政策というにすぎなかったのである。

このため女工の受難は絶えることがなかったが、さすがに大正期に入ると、南葛飾郡吾嬬村字請地（現、東京都墨田区押上）の東京モスリンのストライキをきっかけに、変化の兆しが生まれてきた。

大正二年（一九一三）六月七日、同工場の職工二千八百人が同盟罷業に入った。大多数は女工である。直接の原因は経営不振による賃下げ（一五～二〇パーセント）にあったが、女工たちは会社側との交渉の中で、自分たちの不満が単に賃金問題にあるのではなく、平素の食事の内容――前述のように、汲み置きの潮（塩水）に醤油糟を混ぜた〝味噌汁〟――に加え、休息時間抜きで一日十時間以上におよぶ長い作業時間にもあることを宣言した。このストライキは一ヵ月後、治安維持法を盾にとった警察の介入により職工側の敗北に終わったが、あたかもわが国が国際聯盟への加入を目ざしていた時期にあったため、労働環境が世界的水準より大きく立ち遅れている点が内外から指摘されるようになった。

ジャーナリズムがこの問題を集中して取り上げるようになったのは大正八年（一九一九）からで、「読売新聞」は寄宿舎の改善や労働時間の短縮を訴え、当時女工の死亡率についで精力的な研究を行なっていた衛生学者石原修（一八八五〜一九四七）の調査結果を紹介している。それによると「年毎に田園から集まって来る工女の数は約二十万、内十二万は大抵都会の人となり、八万は帰国するが、その帰国者中の約一割五分、一万二、三千人は栄養不良、呼吸器病患者となり、甚だしいのは重体患者であるに拘らず、送り返され帰国して直ちに倒れてしまう者もある」ということで、帰国した千人（各産業）に対し肺結核にかかっていた者が紡績工場で二百六十六人、生糸工場で三十四人、織物工場で二百人、製麻工場で百十四人の多きにのぼり、結核類似症もこれと同じぐらいあったという、おどろくべき数字を引用している。石原はまた別のところで、工場側が少しでも顔色の悪い女工を見ると「お前、少し顔色が悪いから国に帰って一と月二た月遊んで来い」と帰してしまい、工場内の死亡統計にはあらわれないようにしていることを暴露している。

石原は、大正三年「衛生学上ヨリ見タル女工之現況」を公にした。明治中期からはじまったこのような女工虐使の実態が、ようやく十数年後になって一部の医学者の注目を惹いたことになる。彼はほとんど同時に国家医学会の例会で、その内容についての講演（「女工と結核」一九一三）を行なっているが、単に工場労働の客観的な調査に終始せず、工場経営に牢固として存在していた社会的不正に真正面から対決し、それを糾弾している点は高く評価さるべきであろう。ましてや、『女工哀史』に先立つ十二年も前のことである。

この講演には、多くの女工たちが逃げ帰ったり、病気になって帰ったりするのを見ていながら、なお地方における供給が減らない理由が説明されている。それは募集人が常に虐使の情報が到達していない地方を〝開拓〟し、三年経ったらその地を捨てて他地方へ移行するというやり方をとっているからだが、この方法もさすがに限度に来たので、工場側は別の術策を弄するようになった。たとえば強制貯蓄をさせ、それを無理に郷里に送金させた上で父兄に「あなたの娘は身体も丈夫である。これだけの送金も出来る、しっかり勉励して稼ぐ、どうか褒めてやって呉れ」という手紙を出す。何も知らない父兄は娘への返事に「実に結構な工場だからしっかり稼げ」と返事をする。――「是は暗黒面から考えますればひどいやり方なので、娘達が自分の父兄に向って仕事が辛らいということを言ってやりますけれども、是は娘達の精神からでなしに娘達は我儘で仕事を嫌うのであろうということを先ず以て父兄に思わせる所の辛辣の手段とも思われます。そういう風にして父兄の威力を上手に使って引き止める、それは実に巧みにやったものでございます」。

当時の工場経営者は、農村における家父長的な強権を徹底的に雇用関係の中に持ち込むことによって、いわば生理的に女工たちを支配していたといえよう。利用された親たちも、無意識的に共犯者になっていたといえよう。これこそが、明治から昭和戦前にいたる女子労働の本質だったのである。

同じころ信州出身の製糸女工を描いた山本茂実の『あゝ野麦峠』(一九六八)では、往時を回想する彼女たちのほとんどが、行ってよかったと答え、工場の批判を口にしないことが指摘されている。これは彼女たちが工場行きの意味を男の軍隊行きと同じ口減らしと自覚していたからであろうが、それだけではないだろう。何よりも貧しい一家のために〝人柱〟になったという、自己犠牲の精神に自ら酔うのでなければ、強制収容所に等しい生活を容認できるものではない。

女工たちが物理的な牢獄に加え、さらに意識の牢獄という二重の桎梏にあえいでいたことは、『女工哀史』に採録されている「女工小唄」の一節を見るだけで十分であろう。

織物会社というとこは、
　ぐるり煉瓦で屋根瓦
中の女工さん籠の鳥

三度の食事は鳥の餌
もしも機械が損じたら、
技師長さんや部長さんに睨まれて
これじゃわたしの身が立たぬ
夜の夜中の一時頃
くろがね門を忍び出て、
脱け行くところは湊川
袂に小石を拾い込み
死ぬる覚悟をしたなれど
死ねば会社に恥となる
帰れば親衆の恥となる
思えば涙が先に立つ
…………

参考文献（年代順）

朝野新聞「東京府下貧民の真況」（一八八六、朝野新聞）
西田長寿『都市下層社会』（一九四九、生活社所収）
鈴木梅四郎『大阪名護町貧民窟視察記』（一八八八、実生活出版部）
西田長寿『都市下層社会』（一九四九、生活社所収）
西田長寿『明治前期の都市下層社会』（一九七〇、光生館所収）
官報「印刷局本局工場患者統計報告」（一八八八、内閣文書局）
西田長寿『明治前期の都市下層社会』（一九七〇、光生館所収）
桜田文吾『貧天地饑寒窟探検記』（一八九三、日本新聞社）
松原岩五郎『最暗黒之東京』（一八九三、民友社）
西田長寿『都市下層社会』（一九四九、生活社所収）
『日本思想史料叢刊』（一九七七、長陵書林所収）
神郡周校注『最暗黒の東京』（一九八〇、現代思潮社）

立花雄一解説『最暗黒の東京』（一九八八、岩波文庫）
時事新報社「東京の貧民」（一八九六、時事新報社）
林英夫編『近代民衆の記録　4流民』（一九七一、新人物往来社所収）
松原岩五郎『社会百方面』（一八九七、民友社）
『明治文化史料叢書』（一九六〇、風間書房所収）
横山源之助『日本之下層社会』（一八九九、教文館）
『日本の下層社会』（一九四九初版、一九八五改版、岩波文庫）
横山源之助『下層社会探訪集』（一九九〇、現代教養文庫）
平出鏗二郎『東京風俗志』（一八九九、冨山房）
原田東風『貧民窟』（一九〇二、大学館）
川上峨山『魔窟の東京』（一九〇二、大学館）
農商務省商工局編『職工事情』（一九〇三、農商務省商工局）
土屋喬雄監修『職工事情』（一九四七、紀元社）
犬丸義一校訂『職工事情』（一九九八、岩波文庫）
石川天涯『東京学』（一九〇九、育成会）
『明治文化資料叢書』（一九六〇、風間書房所収）
内務省地方局『細民調査統計表』（一九一二、内務省）

内務省地方局社会局編纂『細民調査統計表』（一九七一、慶応書房所収）
村上助三郎『東京闇黒記』（一九一二、興文館）
知久政太郎『人生探訪変装記』（一九一二、崇文館）
内務省地方局『大正元年調査 細民調査統計表』（一九一四、内務省）
内務省地方局社会局編纂『細民調査統計表』（一九七一、慶応書房所収）
知久政太郎『変装探訪世態の様々』（一九一四、一誠堂書店）
『近代庶民生活誌』（一九八四、三一書房所収）
山室軍平『社会廓清論』（一九一四）
賀川豊彦『貧民心理の研究』（一九一五、警醒社書店）
村島帰一『ドン底生活』（一九一八、文雅堂出版）
深海豊二『無産階級の生活百態』（一九一九、製英社出版部）
小川二郎『どん底社会』（一九一九、啓正社）
内務省社会局『大正拾年施行 細民調査統計表』（一九二二、内務省）
内務省地方局社会局編纂『細民調査統計表』（一九七一、慶応書房所収）
東京市社会局編『東京市内の木賃宿に関する調査』（一九二三、東京市社会局）
細井和喜蔵『女工哀史』（一九二五、中央公論社）
『女工哀史』（一九五四、岩波文庫）

和田芳子『遊女日記』（一九二五、金龍堂出版部）
谷川健一編『近代民衆の記録』（一九七一、新人物往来社所収）
椎名龍徳『生きる悲哀』（一九二五、文録社）
森光子『光明に芽ぐむ日』（一九二六、文化生活研究会）
谷川健一編『近代民衆の記録』（一九七一、新人物往来社所収）
井上増吉『日輪は再び昇る』（一九二六、警醒社書店）
中央職業紹介事務局『芸娼妓酌婦紹介業に関する調査』（一九二六、同事務局）
道家斉一郎『売春婦論考』（一九二八、史誌出版社）
副見喬雄『帝都に於ける売淫の研究』（一九二八、博文館）
草間八十雄『浮浪者と売春婦の研究』（一九二八、文明書院）
磯村英一監修『近代下層民衆生活誌』（一九八七、明石書店所収）
草間八十雄『水上労働者と寄子の生活』（一九二九、文明協会）
磯村英一監修『近代下層民衆生活誌』（一九八七、明石書店所収）
石角春之助『乞食裏譚』（一九二九、文人社出版部）
『近代日本の乞食』（一九九六、明石書店）
今和次郎他編『新版大東京案内』（一九二九、中央公論社）
沖野岩三郎『娼妓解放哀話』（一九三〇、中央公論社）

草間八十雄『女給と売笑婦』（一九三〇、汎人社）
吉田英雄『日稼哀話』（一九三〇、平凡社）
伊藤秀吉『紅灯下の彼女の生活』（一九三一、実業之日本社）
『紅灯下の彼女の生活』復刻版（一九八二、不二書房）
伊藤秀吉『日本廃娼運動史』（一九三一、廓清会）
『日本廃娼運動史』復刻版（一九八二、不二書房）
工藤英一『浮浪者を語る』（一九三三、大同館）
東京府学務局社会課『東京府不良住宅地区改良事業報告書』（一九三四、東京府）
草間八十雄『どん底の人達』（一九三六、玄林社）
磯村英一監修『近代下層民衆生活誌』（一九八七、明石書店所収）
草間八十雄『都市生活の裏面考察』（一九三六、財団法人中央教化団体聯合会）
磯村英一監修『近代下層民衆生活誌』（一九八七、明石書店所収）
草間八十雄『闇の実話』（一九三七、玄林社）
磯村英一監修『近代下層民衆生活誌』（一九八七、明石書店所収）
草間八十雄『灯の女闇の女』（一九三七、玄林社）
磯村英一監修『近代下層民衆生活誌』（一九八七、明石書店所収）
山田節男『貧苦の人々を護りて』（一九三九、日本評論社）

東京市社会局『市内浮浪者調査』(一九三九、東京市社会局)
西田長寿『都市下層社会』(一九四九、生活社)
　西田長寿『明治前期の都市下層社会』(一九七〇、光生館所収)
宮出秀雄『ルンペン社会の研究』(一九五〇、改造社)
磯村英一『スラム——家なき町の生態と運命』(一九五八、講談社)
西口克巳『廓』(一九五八、三一書房)
　『西口克巳小説集』(一九八七、新日本出版社所収)
宮本常一他監修『日本残酷物語』第五部「近代の暗黒」(一九六〇、平凡社)
日本社会事業大学救貧制度研究会『日本の救貧制度』(一九六〇、勁草書房)
大橋薫『都市の下層社会』(一九六二、誠心書房)
磯村英一『日本のスラム』(一九六二、誠心書房)
山本茂実『あゝ野麦峠』(一九六八、朝日新聞社)
　『あゝ野麦峠』(一九八六、朝日文庫)
西田長寿編『明治前期の都市下層社会』(一九七〇、光生館)
籠山京編『女工と結核』(一九七〇、光生館)
隅谷三喜男編『職工および鉱夫調査』(一九七〇、光生館)
久布白落実『廃娼ひとすじ』(一九七三、中央公論社)

立花雄一『評伝横山源之助』（一九七九、創樹社）
山本茂実『続あゝ野麦峠』（一九八〇、角川書店）
『続あゝ野麦峠』（一九八六、朝日文庫）
立花雄一『明治下層記録文学』（一九八一、創樹社）
藤森照信『明治の東京計画』（一九八二、岩波書店）
大林清『玉の井挽歌』（一九八三、青蛙房）
吉田久一『日本貧困史』（一九八四、川島書店）
岩川隆『天涯茫々』（一九八五、潮出版社）
斎藤真一『絵草紙吉原炎上』（一九八五、文藝春秋）
『吉原炎上』（一九八七、文春文庫）
上田篤『都市の流民とすまい』（一九八五、駸々堂）
中川清『日本の都市下層』（一九八五、勁草書房）
事件・犯罪研究会編『明治・大正・昭和 事件・犯罪大事典』（一九八六、東京法経学院出版）
北原糸子『都市と貧困の社会史』（一九九五、吉川弘文館）
中川清編『明治東京下層生活誌』（一九九四、岩波文庫）

あとがき

この本は昭和戦前までの都市層の実態を探りながら、そこから焙り出しにされる日本の社会福祉思想の特異な性格や、政策面での限界を究明しようとしたものである。

駆け足の近代化と富国強兵を国是とする日本の近代は、必然的に社会経済的な弱者——極貧階層を生み出したが、軍事優先の国家予算には本来の意味での福祉予算が実現される余地もなく、弱者は常に切り捨てられる運命にあった、というのが研究者の定説である。しかし、明治初期から中期にかけての福祉施設のほとんどが、外国の宣教師をはじめとする教会関係者、団体等によってしか創設されなかった事実一つを取っても、予算の制約だけが低福祉の原因とは思えない。そこには貧困に対する社会的認識の未熟さ、前時代的な人間観の歪みが反映しているのではないだろうか。

このことは、現在の高齢社会における介護保険制度の運営にも見られる。たとえば要介護・要支援の認定システムにも、技術的な欠陥以前に弱者を社会的に救出すべきであるとする近代的な観念の著しい不足を窺わせるものがある。そこから制度や予算の不足を近親者の犠牲や奉仕によって補おうという、為政者の「美風」発言が生まれる。もとより軽負担・高福祉の実現は容易なことではないが、それを通り越してモラルを強要するところに、日本的体質を見る思いがする。

以上は本書執筆後約十年を経た現在の感慨であるが、もともと執筆の動機といえば、私が以前から都市下層社会に対する関心を抱いていたことにある。それは遠く終戦直後のバラック住まいと食糧難の記憶に発する。朝夕通学・通勤のさい、否応なく目に入るのがスラム街の光景であった。高度成長期以後の世代には想像しにくかろうが、一九六〇年代ぐらいまでの各都市には、いたるところにスラム地区が存在していた。私が文筆生活の初期に『最暗黒の東京』の著者松原岩五郎に関する文章を発表したのも、そのような関心が働いたためであって、以来、いつかはまとまったものを書いてみたいと念願してきた。

昭和六十三年（一九八八）、たまたま『最暗黒の東京』が岩波文庫に収録され、話題になったのを機会に雑誌「新潮45」（新潮社）からこのテーマについての連載依頼があったので、長年の懸案を果たそうと思った。連載は一九八八年九月号より翌年三月号まで隔月に掲載され、単行本化に際して三章分を書下した。ただし、近代化の陰に置き忘れられた人々の問題はあまりに多岐にわたるので、もとより十分な内容とは思っていない。

永井風荷の『日和下駄』(一九一四)は明治から大正にかけての東京散歩記であり、都市論のはしりであるが、その中に山の手の貧家の風景が出てくる。初夏の美しい空と、青々とした若葉の下では貧家のブリキ屋根がいよいよ悲惨の色を増し、さらに「冬の雨降り灌ぐ夕暮なぞは破れた障子にうつる燈火の影、鳩鳴く墓場の枯木と共にあせた冬の景色を造り出す」というのであるが、ここに現れているのは極貧の暮しを〝景物〟として、美学的に眺めることをもってよしとする感覚である。貧しい暮しに対して同情が欠けているのではないが、貧困の構造には関心がない。同じ文章の中に探索の途中「恩賜財団済生会とやらいう札を下げた門口」を見る場面があるが、この書きぶりから窺う限り、荷風は当時最も有名な社会福祉団体についての知識すらなかったことがわかる。

ひとり荷風にとどまらない。多くの人々は都市下層階級の存在を単なる怠け者や落伍者ぐらいにしか認識していなかったのではないだろうか。せいぜい同情や慈善の対象でしかなかった。これが日本特有の勤勉主義のせいであるかどうかは議論の別れるところとしても、近代化に猛進する国家にとって、弱者切り捨て政策の格好の口実となったことは否定できないだろう。かくて先進諸国より五十年も遅れているとされる低福祉のもと、信じられないような悲惨な出来事が相次いで起こったのである。

もっとも、いかなる時代にも世間の風潮に抗する先駆者は存在するもので、明治中期という早い時代に、このような社会的な貧困を〝発見〟、世間に警鐘を鳴らしたジャーナリストやルポライターも存在した。『日本の下層社会』を著した横山源之助のことはすでによく知られているが、これに先だって『最暗黒の東京』(一八九三)という下層社会ルポを発表した松原岩五郎などは一般にあまり知られていない。

このような隠れた文献の紹介も本書のねらいの一つである。書名は横山源之助の『日本の下層社会』からヒントを得る形となったが、この場合の下層社会というのは、明治期から昭和戦前にいたるまで、都市の底辺に限界的な生活を営んでいた生業者や工場労働者、娼婦などを含んでいる。

今回の「ちくま学芸文庫」収録にさいして、いくつかの補足をしておきたい。一つは「暗渠からの泣き声」でふれた岩の坂の貰い子殺し事件といわれるものである。古い刑事事件に関する公的資料を、一般の研究者が目にすることは、情報公開の時代になっても容易なことではない。多くが司法関係者しか閲覧の許されない場所に保管されているからだ。戦前の判例集に採用されていないので、やむなく当時の新聞雑誌を参照したが、調べれば調べるほど疑問のわいてくる事件である。真相はヤブの中というしかないが、事件の背後にスラムに対する偏見があることと並んで、日本人の社会性を考える重要なヒントがかくされているように思えたので、私なりの結論を示しておいた。

「帝都魔窟物語」や「娼婦脱出記」には、当時の売春婦たちが苦界に身を沈める動機を、貧しさもさることながら、家のため、親のためと考えていたことにふれている。親も家長権を振りかざして、子どもに過剰な義務感（忍従）を強いるのを当然と考えていた。無知と貧困を背景に、家族制度の弊風が新しい生き方を求める苦い世代の可能性を無惨にも圧殺していく事情は、多くの近代作家のテーマとなった。広津柳浪はそのような不条理性を明治二十年代の後半から三十年代にかけて『雨』『黒蜥蜴』『河内屋』『信濃屋』『畜生腹』などの作品として描いている。現代でも自己中心的な親が、暴力や近親相姦などの社会問題を起こしているが、その研究や対策が日本では著しく遅れているという事実が指摘されている。

引用文は漢字をできるだけ残しながら、現代かなづかいに改めた。これは岩波文庫版『最暗黒の東京』が採用しており、可読性が高まるという意味で現代の読者に親切な方式と考えたからであるが、例外として「娼婦脱出記」に紹介した森光子の手記に限り、緊張した息づかいを伝えるために旧かなづかいのままとした。さらに「糸を紡ぐ『籠の鳥』たち」に紹介した『職工事情』の本文は、かな部分が片仮名で読みにくいため、ひらがなに変えたが、本書の初版刊行後に岩波文庫版が同様な方針を採用している。

以上の引用文には職業の名称などに今日の常識では不適切な用語が含まれているが、古い時代の価値観や生活意識が反映した資料として客観的に読んでいただきたいと思う。

紀田順一郎

解説

長山靖生

どうしたら金持ちになれるだろうと頭を捻る者は多いが、貧困の原因を真面目に追究した人間は意外と少ない。貧困は長い間、人類を苦しめ続けてきた宿痾ともいうべき病理だが、考察の対象ではなかったのである。切実に貧困について思い悩んでいる当事者は、自らの苦境を記述したり分析したりするゆとりを持ち合わせていないのが普通だったし、知識人を含む多くの富裕な(とはいえないまでも貧困ではない)存在にとって、貧困は、ただ忌まわしく怖ろしいものであり、なるべくなら遠ざけておきたい災難のようなものにすぎなかった。ことに日本社会は近代以降、戦前も戦後も一貫して進歩・向上・拡張に邁進し続け、行政による福祉の立ち後れは勿論のこと統計さえも不十分である一方、下層社会に関するルポは、ともすれば興味本位なものに止まるのが常だった。松原岩五郎や横山源之助の仕事は数少ない例外といえるだろう。だが、彼らの言葉も、紀田順一郎氏の分析を通して読むことで、漸く我々に理解可能な、我々自身にとっても切実なものとなっていることを、忘れてはならない。他者の貧困を理解するのは容易ではなく、『最暗黒の東京』や『日本の下層社会』を読んだだけでは、もしかしたら我々は貧困の問題を、遥かに隔たった時代の無関係な他者の問題としてしか捉えられなかったかもしれない。この一点に限ってみても、紀田氏の業績の特異性と重要性が理解されるだろう。

本書を通して、私が一番に驚き入ったのは、人間はしばしば目の前にあるものを見ていないということ、特に自分にとって不快であったり、不都合な事物に関しては、無意識裡に視野から排除しているとしか思われないことだった。だが、貧困は常に自らが陥る可能性において、人類を脅かし続けてきたし、下層社会の問題は、当然ながら社会全体の根幹にかかわるものだった。

トマス・ロバート・マルサスは『人口論』のなかで、人口増加の必然の帰結として、人類には陰鬱な未来しか有り得ないとの経済的予言をもたらした。マルサスによれば、人口は幾何級数的に、二、四、八、十六倍といった具合に増えていくのに対して、食糧の供給の伸びは、せいぜい算術級数的、つまり二、三、四、五倍といった程度にしか増えていかないから、当然、ここには破綻が生ずる。道徳的もしくは理知的な自制による人口調整が為されなければ、飢饉、戦争、疫病といった災厄が、人類全体の破滅を救う恩寵として望まれるようにさえなるとした。デービッド・リカードもまた、人口が絶えまなく増え続けるという前提のものに、やがてすべての労働者は激しく競争に曝され、仕事にありつくのも困難になり、食糧を得るのがやっとという生活苦に陥るだろうと予見した。それが人類全体の運命だというのだ。

こうした悲観的未来像への対処として、たとえばトマス・カーライルは移民事業による解決を提唱した。未開地域を切り開くことによって貧困を救おうという考えは、帝国主義の先駆をなすものでもあった。幕末の日本を開国させたのは、そうした欧米からの圧力だった。やむを得ずむかえた近代は、日本にも日本人にも痛ましい競争を強いた。弱者へ目を向ける余裕は、明治の日本にはなかった。仏教思想の影響からか、旧幕時代には貧者は諦観のなかで生きていたが、それは明治以降もほとんど変わらなかったのである。政府の対応は極めて限定されたものにとどまり、しかも弥縫策にすぎなかった。伝道団体や救世軍や赤十字による慈善活動も、本質的な解決からは縁遠かった。

もっとも、当時の貧困の根深さ、強大さは、福祉や慈善を行おうとする側の能力はおろか、想像力をも越えていたのかもしれない。実は私も、本書をはじめて読んだ時には生理的な恐怖が先に立った覚えがある。残飯を奪いあって常食とし、蚤や虱や皮膚病に苦しみ、汚水にまみれて生きている貧者の実態に触れると、いったい、どこから手を付けたらいいのか途方に暮れてしまう。しかも、そうした極貧生活をしている人々が東京市内だけでも数万人規模で存在し、そこここに細民街があったという。そして当時は日本人全体の生活レベルが低かったから、一歩踏み外せばすぐに自らも細民の列に陥りかねないところに民衆の日常があった。

明治の文学者のなかで、貧困を「問題」として扱った人物は、悲惨小説の広津柳浪を除くとほとんど思い当たらないが、それは貧困が上昇指向の日本社会の片隅に押しやられていて目に見えていなかったからではない。この国では、貧困はあまりにも自然だった。むしろ悲惨な現実はあまりにありふれていたから、かえって問題としては見え難くなっていたのかもしれない。

夏目漱石は『それから』のなかで、明治四十年代の東京の住環境の貧しさを、次のように記している。

平岡の家はこの十数年来の物価騰貴に伴れて、中流社会が次第次第に切り詰められて行く有様を、住宅の上に善く代表した、尤も粗悪な見苦しき構えであった。とくに代助にはそう見えた。

門と玄関の間が一間位しかない。勝手口もその通りである。そうして裏にも、横にも同じ様な窮屈な家が建てられていた。東京市の貧弱なる膨張に付け込んで、最低度の資本家が、なけなしの元手を二割乃至三割の高利に廻そうと目論で、あたじけなく拵え上げた、生存競争の記念であった。今日の東京市、ことに場末の東京市には、至る所にこの種の家が散点している、のみならず、梅雨に入った蚤の如く、日毎に、格外の増加律を以て殖えつつある。代助はかつて、これを敗亡の発展と名づけた。そうして、これを目下の日本を代表する最好の象徴とした。

たしかにこの光景は、決して豊かなものではない。だが、本書に記述されている貧民窟の木賃宿や長屋での生活に比べれば、はるかに高いレベルに関する分析であることは、容易に理解されるだろう。ここに示されているのは、今日でいえば都市近郊のニュータウンであり、建売り住宅の問題である。それはいわば中流階級の不満であって、ホームレスや飢餓といった真の貧困は視野に入っていない。

漱石は『坑夫』(明治四一)において、中流階級の出身者が、最底辺の労働に携わる坑夫へと身を落としていく様子を描きかけた。周知のとおり、この小説は漱石がある青年から聞いた「実話」をもとにしているが、そこで漱石は、炭坑夫の一群に混じっていきながら、結局は染まり切ることが出来ずに帰ってくる男を描いている。それが実際に、漱石が聞いたままの事実であるのかどうかは不明だが、漱石にとって、坑夫になり切るような男、ましてや坑夫そのものを描くのがいかに困難だったかが窺われる。ここに明治の知識人と貧困の断絶がある一方で、自分自身にとって体感できないような問題への表層的な言及は敢えて控えたところに、作家としての漱石の良心があるといえるかもしれない。

概して明治の知識人は、貧困の問題に対して冷淡だったが、これは明治が啓蒙主義の時代だったことを思えば、むしろ当然かもしれない。

東京が帝都としての機能も美観も獲得していない現状を憂いだ幸田露伴は、その原因を『一国の首都』（明治三二〜三四）のなかで次のように指摘している。

学識あり地位ありとせらるる人士にして、不言不語の間に我が東京をして単に人間集会処たるに止まらしめんと欲するの意志を暴露するもの甚だ少なからず。是等の人士は、都会とは多数の人の集まる処なりといふこと以外に都会を解釈すること無く、また敢て別途の解釈を試みんともせず、常に自己の奉ずることのみ甚だ厚くして自己の住する土地に対する感情甚だ冷に、自己の利害には甚だ鋭敏なれども隣人の休戚には一顰一笑をも悋み、自己の倉庫だに堅固なれば夜盗徘徊すとも人と共に之を憂ふる

ことを為さず、自己の門内だに清潔なれば悪疫流行すとも人と共に之を防がんとする
ことを為さず。

帝都東京の猥雑さは、主として自己一身に対する執着だけが強くて、東京に愛情を持っていない自己中心主義の人士（具体的には薩長藩閥やその利権に繋がる人々）の責任だというのだ。こうした住民意識の乏しい流入者を非難する一方で、露伴は都市の底辺にたむろする《常に消極観を抱きて常に自然の力を過重する萎縮せる人士》も問題視する。露伴によれば《萎縮せる人士》は《都会の一切の発達を杜絶して、生々の元気を殺ぎ腐敗を促進し》ている輩だという。ここには下層生活者は堕落した存在であり、自業自得だと見なす気風があった。それは旧幕臣に連なる露伴自身の、過去に縛られて没落していく生粋の江戸人に対する歯痒さから来る苦言であり、啓蒙主義の勤勉な実践者らしい厳しさでもあった。

だが、世の中には弱い人間もいる。自分では、貧困から抜け出すきっかけをつかめない弱者もいるのだ。

この世から貧困が無くなることはあるのだろうか。ジョージ・バーナード・ショウが、『ピグマリオン』（『マイ・フェア・レディ』の原作）のなかで、アルフレッド・ドゥリトルと

いう浮浪者の口を借りて、皮肉な口調で語っているように、値打ちのない貧乏人は、いずれは消えていく運命にあるのだろうか。たしかに現代の日本では、ホームレスや老人の孤独死などの問題はあるものの、当時ほどの惨状は少なくなっているのだろう。だが、依然として貧困は存在するし、何よりも弱者の問題は形を変えて一段と深刻化しているように思われてならない。

思うに貧困の問題は、そのまま差別の問題であり、他者への想像力の欠如の問題なのではないだろうか。それは単純に、差別的な境遇に置かれた人々が貧困に陥っているというようなことではなしに、貧困という事態が、多くの人に見えていないというところに、より本質的な差別があるということを意味している。貧困が見え難いのは、それが漱石や露伴の目の前に存在していないということではない。現に目に映っていても、それを見据えるのを拒むような精神が、近代的思考のなかにはあるのではないか。明治の精神は、たしかに偉大な何ものかを作り上げる機能を果たしたが、それは同時に、何か痛ましい欠落を、近代人の思考のなかに刻印したのではあるまいか。

もっとも、目の前にある貧困を見据えていないのは、漱石や露伴ばかりではない。むしろ問題なのは、我々読者の視座の方かもしれない。

たとえば樋口一葉の生家は士族とはいえ、元々家政が豊かとはいえなかった。それが明治二二年に、父が多額の借金を残して亡くなった後は、家族の生活までが彼女の肩にのしかかり、死ぬまで貧困のなかで喘ぐこととなった。彼女が一時期、吉原遊郭に程近い下谷区龍泉寺町の細民街の住人であったことは、本書にも書かれているとおりだ。この頃、一葉は日記に《我家貧困日ましにせまりて、今は何方より金かり出すべき道もなし。母君は只せまりにせまりて、我が著作の速やかならんことその給ひ、いでや、いかに力を尽すとも、世に買手なき時はいかがはせん》(明治二六・三・三〇)、《家は只貧せまりにせまりて、米しろだに得やすからず》(明治二六・四・一九)などと記している。

一葉の作品は、まさにこうした生活のなかで書かれたのであり、『にごりえ』にしても『たけくらべ』にしても、本書の「娼婦脱出記」に綴られた娼妓たちの悲惨な生活と対応するものだ。だが私などは、つい流麗な擬古文調の文体に幻惑されて、その悲惨さにまでは目が届かず、情感溢れる小説として賞玩するに止まってしまっていた。考えてみれば『しのぶぐさ』の《となりに酒うる店あり。女子あまた居て、客のとぎをする事うたひめのごとく、遊びめに似たり》といった一文に、新開地の一角にひっそり暮らす底辺の人々の痛みを感じることが出来なくては、本当に作品を読んだとはいえないのではないだろうか。

この一方で、貧困の問題に対峙する際に政治的なイデオロギーに走ってしまうこともまた、貧困そのものを真摯に見つめることを放棄した姿勢であり、戒めなければならないだろう。それは「貧困」や「貧者」を利用することになりかねない。娼妓に対して理解あるかのような口吻をもらす男に、かえって深い差別を見出していた新吉原の娼婦の言葉には、そうした浅薄なイデオロギーへの批判が含まれているのを感じる。

繰り返しになるが、本書に描かれたような最下層の生活者の問題が過去のものであり、我々にとって縁遠いものであると考えているとしたら、それこそが「目を閉じた思考」というものだ。

可視的な貧困の背後にあったのは、より深くて克服困難な精神的貧困だった。そのことに思い至るとき、本書の問題は歴史的な探究を越えて、最も今日的であり未来的でもあるような、我々自身の課題として迫ってくる。

精神の貧困に由来する差別は、現代日本が到達した、明確な階層の差がないような均質化社会においても、明治期と少しも変わらずに存在している。いや、画一化・無個性化が指摘されている現代日本において、イジメがいっそう深刻化しているといった一見矛盾する事態が発生しているところをみると、他者への想像力の衰退が病的に深まっていることを思わずにはいられない。そして現在では、ほんの些細な差異が差別を生むという点において、いつ自分が差別する側もしくはされる側として起立するか分からない危険は増大しており、かえって緊迫した状況に陥っているというべきなのかもしれない。

他者を丸ごと理解するのは不可能であり、それが可能であるかのように思い込むのは、かえって非人道的で傲慢なことかもしれない。だが、だからこそわれわれは、しっかりと目を見開き、ついでに心を開かなければならない。完全には理解し得ぬ存在であるからこそ、他者の抱えている問題や苦しみに対して、安易な断定や無理解で臨んではならないということ、他者に対する想像力をはたらかせることこそが、自分も人間らしく生きるために必要な前提だということを忘れてはならないだろう。貧困とは直接には無関係であるような現代人にとっても、本書が提示する思考は、大きな意義を持っている。

本書は一九九七年十二月十五日、三一書房より刊行された『紀田順一郎著作集』第二巻を基にしたものである。

ちくま学芸文庫

東京《とうきょう》の下層社会《かそうしゃかい》

二〇〇〇年三月八日　第一刷発行
二〇一八年十月十日　第十五刷発行

著者　紀田順一郎（きだ・じゅんいちろう）

発行者　喜入冬子
発行所　株式会社　筑摩書房
東京都台東区蔵前二―五―三　〒一一一―八七五五
電話番号　〇三―五六八七―二六〇一（代表）
装幀者　安野光雅
印刷所　中央精版印刷株式会社
製本所　中央精版印刷株式会社

ISBN4-480-08545-9 C0136